SOLO SÉ QUE NO SÉ NADA

Cristina Navarro

ediciones
del Genal

ediciones
del Genal

© *Cristina Navarro*
Colección Tanagra de textos teatrales, n.º 4

Autora: *Cristina Navarro*
Título: *Solo sé que no sé nada*
Maquetación: *J. Cobos*
Edita: *Promotora Cultural Malagueña*
Coordina: *Ediciones del Genal*
Colabora: *Librerías Proteo y Prometeo*
ISBN: *978-84-19442-84-0*
Depósito Legal: *MA-843-2023*

Impreso en España / Printed in Spain
Málaga, 2023

SOLO SÉ QUE NO SÉ NADA

Cristina Navarro

PRÓLOGO

Es un placer para mí prologar la nueva obra de teatro de la dramaturga y directora escénica Cristina Navarro y Muñoz. Para los admiradores de su talento, y seguidores de su trayectoria, es motivo de regocijo adquirir y leer lo último que ha surgido de su mente tan brillante.

Solo sé que no sé nada es una comedia detectivesca, en la que se une la mejor tradición de novela policíaca, con la disparatada y desternillante comedia a la que nos tiene acostumbrados su autora en obras anteriores.

Es sabido por sus más acérrimos admiradores el amor de Cristina Navarro por las novelas de detectives y, concretamente, por Hercules Poirot, el genial personaje de Agatha Christie. Pues bien, en *Solo sé...* ha querido trasladar el espíritu del belga sibarita al cuerpo del filósofo griego Sócrates. Es el maestro de la mayéutica, el del arte de parir conocimientos, el que se tiene que encargar de resolver un enigma, digamos, «divino»: resolver una serie de desapariciones en el Olimpo. Sí, el Olimpo de los dioses griegos. Nada más y nada menos, que Zeus y familia piden ayuda al hombre más sabio de toda Grecia. ¿Nada mal? ¿No?

Y aquí es cuando viene la originalidad de esta obra que el lector tiene en sus manos: bajar del pedestal de las vetustas academias a los dioses que todos conocemos, y hacerlos aún más humanos, divertirnos y sobrecogernos con sus diálogos y acciones, y seguir con interés la trama que se va desplegando página a página.

Aviso al lector: al finalizar la obra se tendrá una sonrisa en los labios, algún conocimiento aprendido o recordado de mitología, enamorado de Sócrates, y fascinado con la historia que nos propone Cristina Navarro.

Espero que la disfruten tanto como lo he hecho yo, y si pueden, véanla representada por Comediantes Malagueños Teatro, la compañía de la que su autora es también fundadora y directora.

No les entretengo más, y elévense al Olimpo. Solo sé que no sé nada.

Antonio Borja

SOLO SÉ QUE NO SÉ NADA

PERSONAJES

SÓCRATES	EROS
ZEUS	ASCLEPIO
HERA	TÁNATO
ATENEA	CRONOS
HADES	REA
POSEIDÓN	DEMÉTER
APOLO	HIPNO
ERIS	DAIMON
ARTEMISA	GANÍMEDES
HESTIA	CLOTO
HERMES	LÁQUESIS
HÉCATE	ÁTROPOS:
AFRODITA	CALÍOPE
HEFESTO	ERATÓ
ARES	TERPSÍCORE
DIONISO	URANIA

ACTO PRIMERO

(Música. Ante el público se descubre un salón de tronos: el de Zeus, en el mismísimo Olimpo. En el trono, sentado solemnemente, Zeus. Su copero y sirviente, Ganímedes, está en un lateral esperando órdenes.)

ZEUS: Tranquilidad. Tranquilidad. Tranquilidad. Eso es lo que necesitaba. Tranquilidad. ¿Lo escucháis? Nada. Es el silencio. Ya no hay rebeliones a mi poder. Los titanes y los gigantes llevan recluidos en el Tártaro desde hace eones. La guerra de Troya, ese quebradero de cabeza que dividió a mi familia, acabó como tenía que acabar: con héroes muertos o perdidos, pero con gloria eterna. Y ahora, por fin, no hay nada por lo que preocuparse. Yo, Zeus, dios supremo del Olimpo, proclamo la paz. ¡Ay qué bien! ¡Qué gustito! ¡Ganímedes, copero mío!

GANÍMEDES: ¿Sí, mi señor?

ZEUS: Dame mi néctar.

GANÍMEDES *(Dándole la copa.)* Aquí tiene, mi señor.

ZEUS: *(Tomándolo.)* ¡Oh! Exquisito, aunque algo monótono y empalagoso. Pero compensa, me siento más feliz.

GANÍMEDES: Señor, ¿cuándo me daréis la libertad?

Zeus: *(Enfadado.)* Ya me has jodido el momento placentero. ¿Cuántas veces tengo que decirte que yo arrebato cuando quiero y suelto cuando me da la gana? ¿Acaso te apetece volver a verme convertido en un águila?

Ganímedes: Es que echo de menos a mi familia.

Zeus: Pues más la vas a echar cuando la aniquile con mi rayo poderoso, por insolente. ¡Fuera de mi presencia! *(Sale Ganímedes cabizbajo.)* ¡Ni un momento de tranquilidad! ¡Ni un momento de tranquilidad!

Hermes: *(Entrando.)* ¡Padre! ¡Padre! ¡Padre!

Zeus: ¡Ni un momento de tranquilidad! ¿Qué tripa se te ha roto, Hermes?

Hermes: Vengo a traerte un mensaje.

Zeus: Una pregunta, querido hijo.

Hermes: ¿Sí, padre?

Zeus: Cuando otorgué los dones, ¿cuáles eran los tuyos?

Hermes: ¿Los míos? Pues soy el mensajero de los dioses, padre.

Zeus: Exacto. Esa es tu misión. No hace falta que vayas gritando y alborotándolo todo. Di tu mensaje, pero con voz pausada, tranquila. Como si no fuera contigo. Declama, declama.

Hermes: Sí, padre. Cinco-mujeres-quieren-audiencia-ante-Zeus-o-sea-vos-y-todos-los-demás-dioses-padre.

Zeus: ¿Y-quiénes-son-esas-mujeres?

Hermes: Dicen-que-

ZEUS: ¡Habla más rápido, por el Tártaro!

HERMES: Pues que son hijas tuyas. Abandonadas a su suerte. Y que si no las recibes, dicen que todo se sabrá.

ZEUS: ¡Qué raro! Había hecho un catálogo con todos mis hijos. No tengo a ninguno abandonado, o eso creía.

HERMES: Me dijeron que os dijera que eran las mudas. Aunque a mí me extrañó porque ¿cómo iban a deciros nada si no podían hablar?.

ZEUS: ¿Las mudas? ¿No querrás decir las musas? ¡Pedazo de animal! Hijo de Maya, me están entrando ganas de que reemplaces a tu abuelo Atlas sujetando el cielo durante toda la eternidad. Si son las musas, mis queridas hijas, hazlas pasar. Pero mejor no. Recibámoslas como se merecen. Hace ya tiempo que no tenemos visita. Avisa a mis hermanas, a mis hijos. Que vean el esplendor de los dioses.

HERMES: ¿A todos?

ZEUS: No. Solo a los olímpicos.

HERMES: Ahora mismo, padre. Voy corriendo más rápido que el viento.

ZEUS: Y no me llames padre, llámame mejor Crónida, Olímpico, el que lleva la égida, el de las sombrías nubes, el que se complace en lanzar rayos, fulminador, padre de hombres y dioses, el que reina desde el Ida, el que amontona las nubes, árbitro de la guerra humana.

HERMES: Sí, padre. Lo que quieras. *(Sale.)*

Zeus: Me complace esta visita. Mis nueve hijas, las musas. Con ellas el ser humano ha conocido las artes y la ciencia. Su inspiración ha servido para que esos mortales se elevaran por encima de los animales. De esa manera pueden contemplarme, adorarme y hacerme sacrificios. Son vitales para mi reinado y yo las cuidaré. *(Se sienta.)* Me sentaré de forma apropiada a un dios. Así. *(Se coloca.)*

Hermes: *(Entrando.)* Padre, padre, padre. Que dicen las mudas que si vais a hacerles esperar mucho tiempo más, que tienen prisa.

Zeus: Por el Tártaro, qué carácter tienen. ¿Y los demás, han llegado?

Hermes: Aún no.

Zeus: Hazlas pasar. *(Sale y entra Hermes seguido de Calíope, Erató, Terpsícore y Urania, y se va Hermes.)*

Calíope: «El que impera en las batallas, abra sus ojos y vea cómo el cruel destino ha querido…».

Erató: «Que el amor que nos tenéis pueda conmoveros, así como las lágrimas del rocío acarician las hojas del laurel que corona la frente del…».

Terpsícore: «Mirad como bailo una danza acorde a nuestra angustia, oh gloriosísimo soberano máximo…». *(Empieza a bailar.)*

Urania: Según la constelación de la cabellera de Berenice no es un buen momento para flaquear, esposo de Hera. Los nacidos en vuestro signo os lleváis bien con los de la constelación del centauro, por lo que…

ZEUS: *(Levantándose.)* ¡Basta! ¿Por qué estáis aquí? ¿A qué vienen estos discursos? ¿Y por qué solo habéis venido cuatro?

URANIA: Yo, Urania, «la celestial», musa de la astronomía, poesía didáctica y las ciencias exactas, os lo explicaré. Fue hace eones que los dones que poseemos los regalamos, así por la cara, a los humanos. *(Irónicamente.)* Un tal Zeus nos dio esa potestad.

ERATÓ: Hablad más calmada, hermana Urania. Yo soy Erató, «la amorosa, musa de la poesía lírica y amatoria». Esos dones divinos, fue acordado que fuesen regalados y así lo hicimos. Pero el destino que teje los hilos decidió que alguien se pasara por el arco del Elíseo ese acuerdo y, y, creo que voy a empezar a romper cosas.

CALÍOPE: Calmad vuestro enfado hermana Erató, y yo termino de explicar a nuestro padre lo que pasa. Por cierto, por si no te acuerdas ante tantos hijos, yo soy Calíope, «la de la bella voz», musa de la elocuencia, belleza y la poesía épica. Un tremendo hachazo, una lanzada en el costado, un rayo que cayera en el dedo gordo del pie, es menos doloroso que lo que ha ocurrido delante de tus narices, hijo de tu madre…, la gran Rea.

TERPSÍCORE: No hace falta que lleguéis al insulto, hermana Calíope. Seguro que sí sabes quién soy, querido padre. Soy Terpsícore, «la que deleita en el baile», musa de la danza. Y como lo mío es expresarme con mi cuerpo, os digo con él que… *(Da unos pasos enfadada.)*... nuestras cinco hermanas restantes han desaparecido.

ZEUS: ¿Cómo?

URANIA: Que no están.

CALÍOPE: Evaporadas.

ERATÓ: Idas.

TERPSÍCORE: Esfumadas.

ZEUS: Pero no puede ser, esto es gravísimo.

HERMES: *(Entrando.)* Papá, que ya está toda la familia en la puerta.

ZEUS: Pues hazles pasar de uno en uno. *(A las musas.)* Hijas mías, hoy os prestaremos toda la ayuda divina. He hecho llamar a los dioses olímpicos. Juntos resolveremos este enigma.

URANIA: *(Confidencialmente a una de sus hermanas.)* Cómo se nota que llevan siglos sin hacer nada.

ERATÓ: Aburridísimos.

HERMES: *(Entrando.)* ¿Los hago pasar ya, papá?

ZEUS: *(Solemne.)* Oh, sí, haz pasar, ¡oh, mensajero!, a los doce dioses del Olimpo. *(A Hermes.)* Ya hablaremos tú y yo a solas.

HERMES: ¡Ejem! ¡Ejem! Aquí se acerca la indómita, protectora de los dánaos, gloriosísima Tritogenia, la que impera en las batallas, protectora de Atenas, la justa y elegante, la grandísima Palas Atenea *(Entra Atenea, que saluda a Zeus y se coloca en su sitio)*. Le sigue, casi pegándose, sin guardar la distancia de seguridad, el rey de los mares y océanos, el sacudidor de tierra, el amante de los caballos, el hermanísimo de Zeus, el prepotente soberano Poseidón *(Entra Poseidón, saluda y a su sitio)*. ¡Oh, oh, oh! Ahora protegeos la vista, amables visitantes, porque nos alumbra con su presencia el hijo de Leto, el que lleva el arco de plata, el de la áurea espada, el que hiere de lejos, el adivino, el más fuerte de los dioses, con permiso de Zeus, el único e inigualable, Apolo *(Entra este, saluda y al sitio)*. Y ahora no os confundáis porque llega la hermana gemela del anterior, la hija de Leto, también lleva arco de plata, áurea espada, hiere de lejos, le gusta la caza y andar bañándose por bosques perdidos, es virgen, y quiere que todas las de su alrededor lo sean, no bromeen nunca con la inconfundible e incomparable Artemisa *(entra esta y lo mismo que los demás)*. ¡Silencio! Esta diosa que se acerca es la protectora del hogar, de que todo esté en su sitio, de la comodidad, de lo íntimo. Si hay algo que no le cuadra, o le pisáis el suelo después de limpiarlo, os fulminará con su sandalia voladora. Demos paso a la hermana de Zeus, la entrañable Hestia *(entra Hestia y hace lo mismo que los demás)*. Y ahora atentas, oh mudas que nos veis, al furibundo, al demoledor de murallas, al broncíneo, el infatigable luchador, aquel que enardece a los guerreros, el aterrador, el bruto de Ares *(entra Ares e ídem)*. Y que no os entre envidia ni la miréis mal, porque la áurea, la divina, la risueña, la hija de Zeus, la nacida de la espuma, la chipriota, la de belleza sin igual acaba de entrar. Aquí está Afrodita *(entra e ídem)*.

Pero ¿qué se oye, oh, amigas? ¿es el sonido de un cojeo intermitente? Sí. Ahora entra el ilustre artífice, el orgulloso, el que arrastra sus gráciles piernas, el que aguanta con pesar el peso de su cornamenta, el inconfundible Hefesto *(entra Hefesto e ídem).* Y he aquí por fin a la venerada, la hija del gran Cronos, la ilustre esposa de Zeus, la de níveos brazos, la de ojos de novilla, la gran Hera *(entra Hera).*

HERA: ¿Ojos de novilla? ¿Qué es eso de ojos de novilla? ¿Y por qué soy la última si soy la reina de los dioses? ¿Me lo puedes explicar, querido esposo?

ZEUS: Tenemos visita, querida. Luego hablaremos. *(Se dirige a las musas.)* Oh, huéspedes del hogar de los dioses. Los doce olímpicos os saludan desde sus tronos, y os conminan a que…

URANIA: ¿Doce? No vemos doce. Yo solo cuento diez.

LAS DEMÁS: Es verdad, es verdad *(siguen hablando entre ellas murmurando).*

ZEUS: ¿Hermes?

HERMES: No había nadie más en la puerta, padre.

ZEUS: ¿Y mi hermano Hades? ¿Y Dioniso?

ATENEA: Hades no sale nunca de su querido Inframundo.

APOLO: Y Dioniso, predigo que estará emborrachándose y rodeado de sus bacantes. Mmmm.

HEFESTO: No hay que ser muy listo para adivinar eso.

ZEUS: ¡Por Rea! ¡Vaya familia! *(A las musas.)* Señoras. Señoras. ¡Señoras!

URANIA: Pues cada vez Zeus está más gordo….

ZEUS: ¿Cómo?

URANIA: Que es verdad que Dioniso empina mucho el codo.

ZEUS: En fin, somos doce dioses olímpicos, aunque ahora mismo mi hermano Hades está muy ocupado, y Dioniso está de viaje por Oriente. Pero para que no os llevéis una mala impresión, el lugar de Dioniso lo ocupará a partir de ahora mi hijo Hermes.

HERMES: ¿Yo?

LOS DEMÁS DIOSES: ¿Él?

LAS MUSAS: *(Hablando entre ellas.)* ¿Hermes? Pero si no tiene madera de dios...

ZEUS: Sí, él. Estoy harto del informal de Dioniso. Nunca está cuando se le llama. Así que ya no forma parte de los olímpicos. ¡Ven, hijo mío, ocupa su lugar!

HERMES: Gracias, padre. Estoy muy emocionado. Prometo servir y proteger a los caminantes. Que los mensajes lleguen a tiempo y en perfecto estado. Prometo que los secretos de las deliberaciones del consejo de Dioses serán guardados, y que...

HERA: ¡Ya basta! ¡Siéntate!

ZEUS: Ya somos doce a la espera de mi hermano Hades. Podéis comenzar a exponer vuestra causa, señoras. ¿Señoras? ¿Señoras?

ERATÓ: ... esta es una familia desestructurada, ya te digo yo...

ZEUS: ¿Cómo?

ERATÓ: Que digo yo, que sí que podemos empezar.

HADES: *(Entrando.)* ¿Cómo empezar? ¿Qué dice esta? Sin mi presencia, no se comienza nada. Si acaso, se termina.

ZEUS: ¡Hermano! ¡Qué bien que hayas llegado! Como nunca vienes al Olimpo, pensaba que…

HADES: ¡Cállate!

HERMES: *(Levantándose.)* ¡Oh, visitantes! Contemplad al tétrico, tenebroso, enigmático y desasosegante dios del Inframundo. El guardián del Tártaro, el oscuro Hades.

ZEUS: Hijo, ya no hace falta que presentes. Eres uno de los nuestros. Siéntate y no me avergüences más.

HERMES: Es la costumbre. Me siento. Me siento.

ZEUS: Ahora sí que podemos dar comienzo a la audiencia. Adelante, hijas mías.

URANIA: ¡Oh, padre Zeus! ¡Oh, dioses olímpicos! Atended a estas humildes musas porque lo que tenemos que deciros es terrible.

TERPSÍCORE: Terrible no, horripilante.

CALÍOPE: Horripilante no, catastrófico.

ERATÓ: Ni terrible, ni horripilante, ni catastrófico, es una gran desgracia.

APOLO: ¿Qué puede ser tan horripilante, tan catastrófico y tan terrible?

ERATÓ: Si el monte Parnaso se incendiara no sería tan horroroso.

CALÍOPE: Si la Arcadia se transformara en un infierno, no sería tan fulminante.

TERPSÍCORE: Si el jardín de las Hespérides fuera un erial, no sería tan trágico.

URANIA: Y si el Helicón perdiera su eco, no sería tan terrorífico.

POSEIDÓN: Y si mi padre fuera mi madre, ya no sería mi padre.

HERA: Como no acabéis con esta burla de exposición, os voy a fulminar. No me hace falta el permiso de Zeus para acabar con vosotras.

ZEUS: Tranquila que ya me encargo yo. Hijas mías, nombrad una portavoz y que esta se deje de florituras y vaya al grano.

ERATÓ: Yo asumo ese papel. Oh, dioses, ¿no notáis algo extraño en nosotras?

POSEIDÓN: ¿Que estáis más guapas? *(A Hades.)* Esta trampa de las mujeres ya me la sé.

ERATÓ: ¡No! Digo en nuestro número.

APOLO: No caigo.

HERA: Mi marido ha perdido ya la cuenta de hijos bastardos que tiene.

APOLO: Nueve. Es cierto. ¿Y dónde están las musas restantes?

ERATÓ: Eso es lo que queremos saber.

APOLO: *(A Hades.)* ¿Muertas?

HADES: Tendría que preguntar.

HESTIA: Esto es una desgracia, ya no se puede salir de casa. Estamos expuestas a cualquier peligro.

POSEIDÓN: ¡Tranquilos! Seguro que están inspirando a algún artista, y se les habrá hecho tarde.

Erató: Estamos asustadas, dioses olímpicos. Necesitamos saber.

Zeus: No temáis. Sabed que las encontraremos. Si estuvieran en peligro lo hubiéramos notado. Estoy convencido de que están bien.

Hades: Confirmado. Están muertas.

Todas las musas: ¿Cómo?

Hades: Sí, sí. Muertas las cinco. Ahora mismo están de camino al Elíseo.

Zeus: *(Ríe.)* ¡Qué bromista eres! Tiene un humor de lo más oscuro.

Hades: No, no. Es verdad. Yo nunca miento.

Zeus: Bueno, no está mal un poco de humor para suavizar la angustia que sentimos. Podéis iros, hijas mías. En cuanto sepamos algo del paradero de vuestras hermanas, os lo haremos saber. Hermes, acompáñalas a la puerta.

Hermes: ¡Ah, no! Yo ya soy olímpico. No abro puertas. Que lo haga uno de tus sirvientes.

Zeus: *(Amenazante.)* ¿Acaso no temes mi ira?

Hera: Es como una ameba, ni teme ni padece. ¡Anda y haz lo que te dice, minidiós!

Hermes: Por no dar un espectáculo delante de extraños, voy. *(A las musas.)* Les acompaño, señoras.

Erató: Gracias, padre Zeus. Sabemos que no pararéis hasta encontrarlas. *(A sus hermanas.)* Por mucho que los critiquemos, los olímpicos son los dioses más poderosos del Universo.

Urania: Y los más formales.

TERPSÍCORE: Y los más educados.

CALÍOPE: Y los más íntegros.

ERATÓ: Vamos hermanas. Hay esperanza. Los dioses nos salvarán. *(Salen.)*

ZEUS: La última vez, la última. No os voy a convocar juntos nunca más. Me avergonzáis delante de los extraños.

HERA: Mira quién fue a hablar. Eres patético. No controlas ni a tus hijos.

POSEIDÓN: Si vais a empezar una discusión matrimonial, me marcho. Bastantes problemas tengo ya.

HERA: Sí, vete. Tú también tienes tu carga de bastardos.

POSEIDÓN: ¿A que te mando a Polifemo para que te haga callar?

HERA: ¿Ese cegato? Si hasta un mortal como Odiseo logró engañarlo. «¿Quién te ha hecho esto? ¡Nadie! ¡Nadie!»

POSEIDÓN: ¡Maldita! ¡Cornuda!

HERA: ¡Pordiosero! ¡Asqueroso!

POSEIDÓN: ¡Lagarta!

HERA: ¡Cenutrio! Que hueles a pescado podrido.

HADES: Bueno, pues si ya ha terminado la reunión…

HERA: Tú espera, que también vas a recibir lo tuyo.

ATENEA: Padre, si no impones el orden, lo haré yo.

HADES: ¡Cuidado! Doña Perfecta nos va a poner firmes.

APOLO: Yo creo que deberíamos tranquilizarnos. Al fin y al cabo, somos familia.

HERA: ¿Familia? Esto es de todo menos una familia.

ARTEMISA: Yo me largo.

HESTIA: ¿A cazar? Ten cuidado, y vuelve pronto a casa.

ARTEMISA: Que no eres mi madre.

HESTIA: Pero miro por el hogar.

HERA: Otra. Yo renuncio *(se sienta.)*

AFRODITA: Yo también voy a renunciar. Desde ahora renuncio a mi puesto en el Olimpo.

ARES: ¿Por qué?

HEFESTO: ¡Vaya! ¡El grandullón se interesa de repente por Afrodita! ¿A ti qué te importa?

ARES: ¿Eh?

HEFESTO: Que por qué te importa tanto que renuncie o no mi mujer.

ARES: ¿Eh?

AFRODITA: Renuncio porque no puedo perder mi tiempo en estas tonterías, mientras el mundo espera que lo deslumbre con mi belleza.

ATENEA: ¿Tonterías? ¿Es tontería la posible muerte de cinco de las nueve musas?

HADES: Posible no. Segura.

ATENEA: Debemos poner en marcha cuanto antes la investigación.

AFRODITA: Me da igual. Me marcho.

ARES: ¿Dónde?

HEFESTO: Donde le dé la gana. Al final vas a probar mi martillo en tu cabeza, pedazo de masa informe sin intelecto.

ARES: ¿Eh?

APOLO: *(A Artemisa.)* Hermanita, me voy contigo de caza. Vamos a Lesbos que dicen que allí hay buenas piezas.

ARTEMISA: ¿Conmigo? Ni que estuviera ebria como Dioniso. No, que te conozco, y esperas a que alguna de mis amigas se descuide para ir tras ella. ¿Te acuerdas de Dafne? La pobre. Convertida en Laurel por no claudicar contigo. Eres un acosador.

APOLO: No. Solo soy Apolo, el dios que es amigo de sus amigas y de sus enemigas. El dios que te consuela, que te comprende, que ríe y que llora contigo.

ARTEMISA: Y que luego se aprovecha. A mí no me engañas, que somos hermanos gemelos.

HERA: *(Levantándose.)* ¡Cómo os odio! *(A Poseidón.)* ¡Te odio! *(A Hermes.)* ¡Te odio! *(A Hestia.)* ¡Te odio! *(A Hades.)* ¡Te odio! *(A Afrodita.)* ¡Te odio! *(A todos.)* ¡Os odio! ¡Cómo os odio!

HESTIA: Bueno, bueno. ¡Deberías calmarte un poco, hermana! ¿Has pensado en la meditación?

HERA: ¡Cállate!

ZEUS: *(Levantándose.)* ¡Basta! Hasta el mismo ónfalo me tenéis. ¡Todo el mundo sentado y quietecito! Vamos a celebrar un verdadero consejo de familia. ¡Tú también, Afrodita! *(Pausa.)* Gracias. Actuemos como dioses por un momento y olvidemos nuestras rencillas. El mundo nos necesita y nosotros necesitamos al mundo. Las musas han pedido nuestra ayuda, y se la vamos a otorgar.

ATENEA: Por fin la razón se abre paso.

Apolo: Pelota.

Zeus: ¡Basta he dicho! Tenemos que usar todos nuestros poderes divinos para averiguar el porqué de la desaparición de las cinco.

Hermes: Yo creo que…

Hades: El novato no tiene ni voz ni voto.

Hefesto: Una propuesta: puedo fabricar un artilugio con el que podamos saber el paradero de cualquier persona.

Apolo: Podías haberlo usado contigo. Así habrías conocido alguna que otra infidelidad de tu mujer. ¿Verdad, Ares?

Ares: ¿Eh?

Afrodita: Hefesto, querido mío, ¿vas a consentir que me humillen?

Hefesto: Pero es que es verdad.

Atenea: La mejor manera de empezar es buscar por toda Grecia.

Hades: ¿Pero es que nadie me escucha cuando hablo? Que están muertas. Liquidadas. Caducadas. Agacharon las orejas. Catapún. ¿Hola? ¿Me entienden?

Atenea: Una musa no puede morir. Son seres sobrenaturales que dan vida a los sueños de los hombres. Es imposible.

Hades: A ver, sabionda. ¿Quién conoce mejor a los habitantes de mi reino? Yo, el dios del Inframundo. Tú sabrás mucho del Ática y de tu querida Atenas, pero yo entiendo de difuntos. Es mi función.

Atenea: Pues es extraño.

ZEUS: ¿Por qué?

ATENEA: Han desaparecido Clío y Polimnia, Talía y Melpómene, y Euterpe.

HADES: Muertas. Están muertas.

POSEIDÓN: ¿Y qué pasa?

ATENEA: Pues que son las musas de la historia, de los himnos, del teatro y de la música.

APOLO: Es cierto. Ahora lo entiendo.

HERMES: Dinos entonces.

APOLO: Dejaré que lo diga Atenea.

ATENEA: Pues hasta donde yo sé, no han desaparecido aún de la humanidad. Precisamente estuve ayer en...

HADES: ¿En Atenas?

ATENEA: Sí, sí. En Atenas, mi ciudad. La que protejo.

ZEUS: Acaba con lo que decías.

ATENEA: En ella se celebraron como siempre los misterios de Eleusis. Hubo cantos sagrados, música por cada rincón. El dramaturgo Aristófanes estrenó en el teatro una de sus comedias, y por la noche se volvió a reponer *Edipo Rey*, de Sófocles. Una tragedia de las de llorar a moco tendido. En el Ágora, un tal Edimeto narraba con voz épica una de las historias de la guerra contra los persas. Como podéis comprobar, las musas están más vivas que nunca.

HADES: Yo solo te digo, sobrina, amiguita de los atenienses, que esas cinco están criando malvas, y sus espíritus conmigo en el Tártaro.

ZEUS: Tendremos que averiguar su paradero de una vez por todas. Convoquemos a la pitonisa.

APOLO: ¡No! A la pitonisa, no.

ZEUS: ¡Oh, sí! ¡Claro que sí!

APOLO: No, por favor. Acabo muy cansado. No quiero. No quiero. No quiero.

HERA: *(A Poseidón.)* El imbécil en acción. Ya verás qué espectáculo.

ZEUS: Venga, hijo mío. Es necesario. Andamos algo perdidos con este enigma y debemos aclarar ciertas cosas. Ponte en posición.

POSEIDÓN: *(A Hades.)* Nuestro hermano es un poco sádico. Disfruta haciendo sufrir.

HADES: Es un cachondo.

ARTEMISA: Dejad a mi hermano. No tenéis derecho a hacerle eso.

HERA: Calla, niña. Échate a un lado.

HESTIA: *(A Artemisa.)* Pero ten cuidado, no te vayas a hacer daño.

ARTEMISA: Que me dejes, que no eres mi madre.

AFRODITA: ¿Qué va a hacer?

ATENEA: Contactar con el oráculo de Delfos. Su sacerdotisa, la pitonisa, contesta preguntas de los visitantes. Para ello se sienta encima de una grieta que exhala vapores que la hacen entrar en trance. En ese momento comunica los mensajes al oído de Apolo, nuestro querido hermanastro, y él los interpreta.

AFRODITA: No lo entiendo.

HERA: Pues que vamos a ver todo un espectáculo. Espera y verás.

ZEUS: ¿Estás preparado?

APOLO: ¡Qué remedio! *(Se acerca al oráculo y pone una postura «rara».)* ¿Hola? ¿Estás ahí? Soy Apolo. Estoy preparado para tus predicciones, pitonisa. ¿Te has sentado ya? ¿Hola?

VOZ: *(Desde fuera.) Sí, aquí estoy, ¡Oh Febo!*

ATENEA: *(A Afrodita.)* Febo es otra manera de decir Apolo.

AFRODITA: Ya lo sabía. ¿Te crees que soy tonta?

ARES: ¿Cómo?

HEFESTO: No hablaba contigo, estúpido musculado.

APOLO: ¿Qué le pregunto?

ARES: Que si se acerca una guerra.

POSEIDÓN: ¡No! Pregúntale qué reino es mejor, si el de los mares o el de los cielos.

APOLO: Oráculo, ¿qué reino es mejor….?

ZEUS: ¡No! La pregunta es: ¿dónde están las cinco musas que faltan y en qué estado se encuentran?

HADES: Muertas. Están muertas.

APOLO: Vale. Oráculo, ¿en qué estado se encuentran las musas? ¿Faltan cinco?

HERA: No es capaz de hacer una pregunta en condiciones. Increíble que se pueda sostener de pie de lo tonto que es.

VOZ: *Cuando las musas de tu vecino veas cortar, pon las tuyas a remojar.*

APOLO: El oráculo ha hablado y dice que las musas están afeitándose.

ZEUS: ¿Cómo? No tiene sentido. Hazle otra pregunta. Dile que te lo aclare un poco más.

APOLO: Oráculo, aclárate por favor.

VOZ: *Los dioses desaparecerán. El Olimpo será olvidado. El hombre renacerá.*

APOLO: Los dioses se olvidarán del Olimpo mientras que nace un hombre.

VOZ: *No. No te he dicho eso.*

APOLO: Que quiere sexo.

HADES: Bueno, si vais a continuar diciendo y haciendo tonterías, me marcho a mi reino subterráneo.

POSEIDÓN: Yo también. Me voy a surcar los siete mares.

ZEUS: Esperad, hermanos. Voy a formular una última pregunta. Apolo, escúchame bien. Concéntrate y haz la pregunta de forma correcta, por favor. Es muy importante.

APOLO: Sin problema. Dispara.

ZEUS: Si es cierto que los dioses serán olvidados. ¿Cuándo será eso? ¿Es posible que alguien nos ayude?

APOLO: Voy. Olvídate de los dioses, pitonisa. ¿Es posible que la ayuda venga pronto?

HERA: Es imbécil. Menos mal que no es hijo mío.

VOZ: *Solo un hombre os podrá ayudar: el más sabio de toda Grecia.*

HESTIA: Yo lo conozco

HERA: ¿Tú? Pero si no has salido nunca del Olimpo. ¿Qué vas a saber tú?

HESTIA: Hermana, no subestimes mi poder. Soy tan capaz como cualquiera de vosotros. El que haya elegido el hogar en vez de recorrer el mundo, o preferido la virginidad al matrimonio, no significa que no sea una diosa inmortal. La primera en ser devorada por nuestro padre Cronos.

ARTEMISA: Y la última en vomitarte.

HESTIA: Muy graciosa, la niñata del arco. Pues sí. La primera y la última. Alfa y Omega. Soy Hestia. Tenedme el respeto que merezco. Y si no queréis saber mi respuesta al enigma del oráculo, me voy a mis tareas.

ZEUS: No, hermana. No hagas caso. Di quién es para ti el mortal que nos ayudará.

HESTIA: No lo sé. Solo sé que tiene que ser alguien muy seguro de sí, sin temor, aventurero. Un héroe.

HERA: Vaya tontería.

ATENEA: No, no. Tiene razón. En realidad hay muy pocos héroes vivos. Tiene que ser uno de ellos. Repasemos: Paris…

HADES: Muerto. En Troya.

ATENEA: Aquiles.

HADES: Muerto. En Troya. Un problema de talones.

ATENEA: Perseo.

ARTEMISA: Lo conozco. Es rey en Tirinto. Pero se ha vuelto gordo y perezoso. No tiene pinta de que nos pueda ayudar.

ATENEA: A Heracles, Zeus lo convirtió en constelación. Ya le vale.

ZEUS: Se volvió loco, ¿no os acordáis? De poco nos iba a servir.

HERA: Bien le estuvo. Qué asco le tenía. *(A Atenea.)* ¿Y tu querido Teseo?

HADES: Muerto y bien muerto. Lo ayudaron a suicidarse desde un acantilado.

ARTEMISA: También hay heroínas. Pentesilea, Pandora, Atalanta…

HADES: Muerta, muerta y también muerta.

HERA: Qué cansino eres, hermanito.

HADES: ¿Qué queréis que os diga? Si es la verdad.

HERMES: Entonces, ¿quién será el mortal que nos ayudará?

ATENEA: Propongo algo. ¿Qué os parece si nosotros doce nos dispersamos por el mundo, y buscamos cada uno por su zona de influencia la respuesta al enigma planteado por la pitonisa? El que primero lo averigüe que llame a los demás y nos volveremos a reunir en el Olimpo. ¿Qué decís?

ZEUS: Me parece una muy buena idea, hija mía. Cómo se nota que saliste de mi cabeza.

ERIS: *(Entrando. Tira una manzana de oro al centro.)* Vaya, vaya, vaya. Reunidos otra vez sin avisar.

ZEUS: ¿Eris? ¿Qué haces aquí? Aún no hemos acabado.

AFRODITA: No puedes entrar. Esta reunión es solo para los olímpicos.

ERIS: Por supuesto, por supuesto. Todos los que estáis aquí os merecéis ese título: olímpico. No soy digna de estar entre tan altas divinidades.

HERA: No empieces con tus ironías, hija mía.

ERIS: Madre. Eres sin duda la más poderosa de todas las diosas. Tu fuerza es solo comparable a la de Zeus.

HERA: ¿Comparable? Soy mucho más poderosa.

ZEUS: Por eso quisiste derrotarme recién acabada la guerra contra los gigantes.

HERA: No fue así, fue tras la rebelión de los titanes.

ZEUS: Qué harto me tienes.

HERA: Más harta me tienes tú a mí.

ERIS: ¡Oh!, y ¿qué me dices de mi hermanito Ares? Todo un olímpico, sin duda. Fuerte, diestro, simple, de ideas fijas. Cuando algo se le mete entre ceja y ceja no para hasta conseguirlo, ¿verdad?

ARES: ¡Guerra! ¡Sangre! ¡Matar!

ERIS: Calma, calma. Guarda tus fuerzas para las amazonas.

AFRODITA: ¿Amazonas? ¿Qué amazonas?

ERIS: ¡Ups! ¿No te ha dicho nada? Cada cierto tiempo sale de su hogar en Tracia para visitarlas, y cumplir con ellas ciertos ritos secretos.

AFRODITA: ¿Ritos? ¿Qué ritos? ¿De qué está hablando esta?

HEFESTO: ¿Y a ti qué te importan sus tratos con las amazonas? ¿Por qué te molesta tanto? Dime la verdad, ¿tienes algo con él? No me voy a molestar. Solo le aplastaré la cabeza con mi martillo.

ERIS: ¡Qué ordinariez! ¡Menos mal que aún nos queda la sensatez y el saber estar de nuestra querida Hestia! Siendo una de las diosas más poderosas, tu hermano Zeus te ha encerrado en una cocina, siendo tan servidora como el copero Ganímedes. ¡Qué lección de humildad para todos!

HESTIA: ¡Eh, un momento!

ERIS: Igual de humilde que debe sentirse mi hermanastro Hermes. De ser un dios menor a seguir siéndolo entre los olímpicos. ¿Qué se siente al ser sustituto de un dios más importante que tú: Dioniso? Y encima un borracho. A mí me daría pena y rabia al mismo tiempo.

HERMES: Papá, dile algo.

POSEIDÓN: ¡Tiene gracia la chica esta!

ERIS: ¿Verdad que sí? La misma gracia que te haría cuando Zeus se convirtió en el rey de los cielos y a ti en el de las aguas. ¡Menudo jarro de agua fría que tuvo que ser esta decisión unilateral!

POSEIDÓN: Bueno, no se está tan mal.

ERIS: Claro que sí. Esa es la actitud. Porque tu hermano ya sabía que eras tan sumiso, que no te rebelarías nunca contra su poder. Muy listo Zeus.

POSEIDÓN: Eso no es verdad. No ocurrió así. Yo elegí, ¿o no?

HADES: A mí no me vengas con tus comentarios maliciosos. Yo desprecio el Olimpo. Prefiero mi reino a este lugar lleno de envidias, rencores, malicia y mucho puterío.

ERIS: Por supuesto. Qué suerte tuviste con Perséfone, la hija de Deméter, que bajó voluntariamente al Inframundo para ser tu reina. ¡Ah, no! Espera. La tuviste que raptar porque nadie aguanta estar a tu lado. Todos te temen. Te tienen terror. Incluso un poco de aprensión. Menos mal que estás debajo de tierra, así no pueden verte la mayor parte del tiempo.

HADES: ¿Es verdad eso? ¿No os gusto? Pero si soy encantador.

APOLO: Sí que lo eres, tío. Soy tu fan. Y Perséfone es la reina perfecta para ti.

ARTEMISA: ¿Pero qué dices? Si fue un secuestro en toda regla. ¿No te da pena de Deméter, su madre? Pobrecita. Eres un insensible.

APOLO: Yo solo quería opinar.

ERIS: Eres el perfecto para ello. Sabes mucho de secuestros y raptos. Sin ir más lejos, recuerdo cuando saliste al encuentro de las cinco ninfas del río Turón, amigas íntimas de tu hermana Artemisa y, digamos que «perdieron su virginidad».

ARTEMISA: ¿Cómo? ¿Es verdad eso? Las turonias no, ellas no. Eres un pervertido y un abusón. ¿Por qué? ¿No puedes guardar tu falo en su sitio? Te odio.

APOLO: No sabía que eran amigas tuyas. ¿Es que todas las vírgenes del mundo lo son? Hazme una lista que me pierdo.

ATENEA: Dejad de discutir, por el Tártaro. ¿No os dais cuenta de que os está echando a pelear? Es Eris, la diosa de la discordia. Parecéis tontos.

ERIS: Lo contrario de ti, ¡oh, diosa de la sabiduría! ¿Aún te pesa no haber sido elegida como la diosa más hermosa? ¿Te acuerdas del juicio de Paris?

ATENEA: No me consta. No me acuerdo.

ERIS: Pues yo te lo recordaré, ¡oh, diosa desmemoriada! En la boda de Peleo y Tetis, a la que asistieron todos los dioses olímpicos y no olímpicos, y a la que desgraciadamente no fui invitada, aparecí de repente con una manzana de oro. Sí, como esa de ahí *(señalándola)*. En ella escribí una frase: «Para la más bella». La arrojé, inocentemente, y tú, Atenea, tú, Afrodita, y tú, madre, reñísteis por ella. Luego tú, padre Zeus, para no tener que elegir entre las diosas, por eso del parentesco, encargó ser juez a Paris, que en ese entonces no era príncipe, solo un humilde pastor en Troya. Cada una de vosotras intentó sobornarle para que la eligiera: Hera le ofreció poder político y tierras, tú le prometiste sabiduría y destreza militar, y Afrodita lo tentó con la mujer más hermosa de la tierra, Helena, esposa de Menelao de Esparta. Paris, apasionado como el joven que era, sin pensarlo ni un segundo, le dio la manzana a Afrodita, raptando luego a Helena y provocando así la Guerra de Troya, con tan terribles consecuencias.

AFRODITA: Estaba claro que me iba a elegir a mí.

HERA: Porque estaba más salido que Príapo. Si hubiera sido sensato me habría elegido a mí.

ATENEA: ¿Sensato? Si Zeus no hubiera delegado en ese pastor, yo sería la poseedora de esa manzana. La culpa la tiene él.

ZEUS: A mí no me metáis en vuestras disputas.

HERA: Siempre tienes la culpa de todo. Eres una desgracia de dios.

ZEUS: ¡Basta!

APOLO: ¡Callad! Creo que la pitonisa quiere decirnos algo.

Voz: *No habéis cortado la comunicación. He escuchado todo.*

Apolo: Que la hemos cagado. Ahora los mortales sabrán cómo somos de verdad.

Atenea: ¿Te crees que no lo saben ya? Me extraña que sigan haciéndonos sacrificios.

Eris: En fin, como veo que ya habéis acabado con vuestra reunión, me marcho. He de continuar dando motivos para las reconciliaciones. ¡Qué me gusta cuando después de pelear empiezan los perdones, las disculpas y los besos! ¡Adiós, «olímpicos»! *(Recoge su manzana y sale.)*

Apolo: *(Al oráculo.)* ¡Corto y cierro!

Hera: Bueno, ¿y qué hacemos?

Atenea: ¿Seguimos con el plan? ¿Buscamos cada uno por separado a ese mortal tan sabio que nos ayudará?

Hades: Haced lo que queráis. Yo tendría que estar en el Inframundo, de donde no debía de haber salido. Por cierto, saludos de las musas. *(Sale.)*

Poseidón: Me voy también. No creo que haya mortales en los océanos, pero si veo alguno interesante os los haré saber. *(Sale.)*

Artemisa: ¡Por fin hemos acabado, qué pesadez de reunión! Me marcho a cazar. *(A Apolo.)* Que no vienes conmigo. Ni se te ocurra. *(Sale.)*

Apolo: Si no voy a molestar a tus ninfas. Solo miraré, te lo juro. ¿Estará tu amiga Aura? *(Sale.)*

Hermes: Papá. Me voy volando a buscarlo por toda Grecia. ¿Puedo decir a todos que ya soy olímpico?

Zeus: No, es un secreto. Ya te diré el momento en el que puedas revelarlo. Por ahora, calladito.

Hermes: Sí, papá. Será un secreto. El dios oculto que lucha desde la oscuridad. Me inventaré una nueva identidad para pasar desapercibido. ¡Qué emoción! ¿Puedo llevar capa?

Zeus: Haz lo que quieras.

Hermes: Capa y antifaz. ¡Qué bien! ¡Adiós a todos! *(Sale.)*

Hefesto: Me voy, padre. He de continuar trabajando en mis últimos inventos. Ya buscaré la forma de encontrar al humano a distancia. Es algo que me ronda la cabeza desde hace tiempo.

Hera: Desde que esa fulana es tu esposa.

Hefesto: ¡Madre!

Hera: Sí, hijo. Abre los ojos.

Afrodita: Oiga, señora. Que yo soy fiel a su hijo. Lo único es que como soy la diosa del amor, tengo que ejercer como tal.

Hera: Sí, ya. Me marcho porque no quiero aguantar más idioteces. Esposo, ¿vienes?

Zeus: Ahora voy.

Hera: Encontraremos a ese sabio entre los sabios. No vamos a desaparecer. Los dioses somos inmortales y continuará nuestro reinado por los siglos de los siglos. Y en cuanto a las musas, ¿qué más da que desaparezcan? Ellas dan poder a los humanos para asemejarse a nosotros. ¿Qué nos importa? Que vuelvan a su estado primitivo, al de los monos. Seguirán adorándonos.

ZEUS: Puede que tengas razón, esposa mía.

HERA: Siempre la tengo. *(Sale.)*

HEFESTO: Adiós, padre. Adiós, esposa. Estoy muy cansado para discutir porque sé que te vas a quedar un poco más con ese mamotreto sin cerebro.

AFRODITA: ¿No te importa?

HEFESTO: Un poquito de esperanza, un solo poco de ella tenía, por ver si me contestabas que no, que venías conmigo. En fin, será mi suerte. *(Sale.)*

AFRODITA: Adiós, esposo. Y gracias por tu comprensión.

ARES: De nada. Marchar. Casa. Cama. Cansado. *(Sale.)*

AFRODITA: Espera, gigantón. Espérame. *(Sale.)*

ATENEA: Aún nos queda la razón. Yo me emplearé a fondo, padre, por la causa que nos afecta a todos. Viajaré a la ciudad que me rinde culto, siendo yo su patrona: Atenas. A pesar de los estragos de la guerra con Esparta, aún siguen habiendo hombres y mujeres brillantes. Estoy segura que si existe un lugar donde encontrar al más sabio de los hombres, esta será la capital del Ática.

ZEUS: Ve, amada hija. Ve y encuéntralo.

ATENEA: No te defraudaré. *(Sale.)*

HESTIA: Solo quedamos tú y yo, hermano. ¿Estás preocupado?

ZEUS: Sí que lo estoy. El mundo está cambiando. Los hombres están cambiando. Ya no creen en nosotros. Algún día solo seremos leyendas.

HESTIA: No lo creo. Somos fundamentales para ellos.

Siempre habrá necesidad de un hogar, existirá el amor, la guerra, la sabiduría, la inventiva, los misterios. Querrán conocer qué hay más allá, en el otro mundo. El porqué de los terremotos, los rayos, la lluvia. Somos sus respuestas.

ZEUS: ¿Y si algún día descubren otras?

HESTIA: Volverán a nosotros porque somos como ellos. Siempre ha sido así y siempre lo será. Créeme. Yo sé mucho de permanencia, de que todo se encuentre en el lugar correcto. Soy la diosa del hogar, ¿recuerdas?

ZEUS: Hermana. Solo a ti te puedo confiar un secreto.

HESTIA: Dime. Soy toda oídos.

ZEUS: Mis hijas, las musas, no son solo fuente de inspiración para los humanos. Son algo más. Cuando nacieron y las vi, me parecieron mi mejor creación. Volqué en ellas todo mi poder. Por mi amor a la humanidad, juré solemnemente ante las Moiras, que si las nueve perecían, muriendo lo que diferencia a los hombres y mujeres de los animales, así lo haría yo.

HESTIA: ¿Quieres decir que...?

ZEUS: Que la caída de Zeus está más cerca que nunca. Faltan cuatro musas para que desaparezca, y conmigo el Olimpo.

HESTIA: Alguien está detrás de todo esto.

ZEUS: Parece que sí, hermana. Hemos de saber quién es. El futuro del Olimpo depende de ello. ¿Guardarás mi secreto?

Hestia: Soy la guardiana del hogar y los secretos. Vayámonos. *(Salen. Cuando el salón queda vacío aparece una manzana dorada rodando desde el exterior.)*

(TELÓN)

ACTO SEGUNDO

(Música de apertura. La misma sala. De un extremo a otro hay un hilo tenso. Entran tres mujeres. Son las Moiras)

CLOTO: Aquí está el hilo.

LÁQUESIS: ¿Veis como no lo hemos perdido?

ÁTROPOS: Pero podía haber ocurrido.

CLOTO: No ha sido así.

LÁQUESIS: Así es.

ÁTROPOS: Continuemos con nuestra labor.

CLOTO: Este es el hilo de…

LÁQUESIS: … de…

ÁTROPOS: … no nos acordamos…

CLOTO: Alguien importante.

LÁQUESIS: o trascendente.

ÁTROPOS: puesto que el hilo es dorado.

CLOTO: Sin duda, su vida será muy larga.

LÁQUESIS: No lo creo.

ÁTROPOS: ¿Corto aquí mismo?

EROS: *(Entrando.)* Esperad.

CLOTO: ¿Qué quieres, muchacho?

LÁQUESIS: ¿Por qué nos interrumpes?

ÁTROPOS: ¿Corto ya?

Eros: ¡Que te esperes! ¿Seréis capaces de acabar con la vida de alguien que ni siquiera sabéis quién es?

Átropos: No nos importa. Somos el destino. Alguien caerá. *(Corta el hilo.)*. Parece que no eres tú. *(Ríe.)*

Cloto: Saco otro hilo hermanas.

Láquesis: Este es más corto. Será de un guerrero. Corta. *(Átropos corta.)*

Eros: ¿Pero por qué estáis aquí en el Olimpo? ¿No tenéis vuestro hogar más allá del tiempo y del espacio?

Átropos: Sabemos quién eres muchacho. Eres Eros. El dios del deseo. Tu misión es despertar las pasiones, que tu ama y señora Afrodita se dedica a satisfacer.

Eros: Afrodita no es mi ama.

Cloto: Sí, claro. Lo que tú digas.

Átropos: Estamos aquí porque alguien va a morir en este mismo lugar, y debemos estar presentes.

Láquesis: Porque su muerte será la de todos.

Cloto: Y no se puede evitar.

Eros: Tengo que avisar a los dioses del Olimpo.

Átropos: Avisa, avisa.

Cloto: Pero será inútil.

Láquesis: Mira, este hilo es más largo.

Átropos: ¿Corto?

Láquesis: Espera, impaciente, a que mida.

Cloto: ¿Será el hilo del que hablamos?

Láquesis: Comprobémoslo a la luz de Helios. Aquí hay mucha oscuridad.

Cloto: Y más que va a haber.

ÁTROPOS: ¿Corto ya?

CLOTO: ¡Qué pesada eres! Córtate el bigote que te está saliendo, vieja del demonio.

ÁTROPOS: Lo que voy a cortar es tu gaznate, niñata.

LÁQUESIS: Coged el hilo y vámonos. ¡Me avergonzáis, hermanas!

CLOTO: ¡Tú a mí qué me vas a cortar, antigualla!

ÁTROPOS: Lo primero la lengua, para que no confirmes lo tonta que eres. *(Salen las tres.)*

EROS: Había imaginado a las Moiras de otra manera. No sé. ¿Más educadas?

DIONISO: *(Entrando. Visiblemente borracho.)* ¿A dónde van esas? Me hubiera gustado preguntarles por mi destino.

EROS: Tal como vas, seguro que a la cama.

DIONISO: ¿A la cama? ¿De quién? O mejor, ¿de quiénes? *(Ríe.)* Soy el tipo con más suerte del universo. ¿Te he dicho ya que inventé la vid? ¿Te he contado que de la vid sale la uva, y de la uva el vino, y del vino la felicidad?

EROS: Sí. Nos lo llevas contando siglos, y por cierto, hoy estás más feliz que de costumbre. *(Haciendo un gesto.)*

DIONISO: Sí, lo sé. Llevo un año entero recorriendo el mundo y probando todos los vinos que se producen. He de ser meticuloso.

EROS: Ya se ve.

DIONISO: Por cierto, ¿tú eras?

EROS: Soy Poseidón, dios de las aguas.

DIONISO: ¡No, agua no! Mantente lejos, dios cobarde.

EROS: No temas que no me acercaré. Dime tan solo, Dioniso, ¿a qué vienes al Olimpo?

DIONISO: Me llamó Zeus para no sé qué recepción, sobre algo de unas musas.

EROS: Llegas tarde. Otro ha ocupado tu lugar entre los olímpicos.

HERMES: *(Entrando.)* Bienvenido, Eros. No os esperábamos.

DIONISO: ¿Eros? Yo soy Dioniso, el dios temible, creador del teatro, el vino, y las orgías.

HERMES: *(A Eros.)* ¿Otra vez borracho?

EROS: Otra vez.

DIONISO: ¿Quién es el mequetrefe que me ha sustituido entre los dioses del Olimpo? ¿Quién? Si lo tuviera delante lo destrozaba a puñetazos, o mejor, mandaba a mis bacantes para que lo descuartizaran. Así sufriría un poco más. ¿Quién es? ¿Quién es? Dímelo tú, Poseidón.

EROS: ¡Qué más da! Ya está hecho. Piensa que al no tener obligaciones aquí, puedes seguir haciendo cosas dionisíacas como beber, bailar, jugar con tus sirvientas, lo que te salga de la parra.

DIONISO: Tienes razón, Poseidón. Me quedo más tranquilo. Dile a Zeus que no me echa él, que me voy yo. Adiós. Adiós, tú también, seas quien seas. *(Sale.)*

HERMES: Gracias por protegerme, Eros. ¿Qué es eso de Poseidón?

EROS: Una artimaña para deshacerme de ese pesado.

HERMES: Pues lo has conseguido. ¿A qué se debe tu visita?

EROS: Llevo tiempo convenciéndome a mí mismo que no hago falta en el Olimpo, pero ahora creo que sí. Nubes oscuras cubren el hogar de los inmortales.

HERMES: Yo creo que hace buen día. De hecho iba ahora a dar una vueltecita.

EROS: En sentido figurado. No pillas ninguna de mis metáforas. Como se nota que eres un dios de segunda.

HERMES: De segunda no, de novena. Voy en el listado de olímpicos antes de Artemisa y después de Ares.

EROS: No voy a entrar al trapo. Dime tan solo qué es lo que está pasando estos días con Zeus y compañía.

HERMES: Hace ya muchos años que los dioses bajaron al mundo en busca de respuestas al enigma de las musas desaparecidas. Y se rumorea que están a punto de volver.

EROS: ¿Afrodita también?

HERMES: Sí. Tu ama también.

EROS: ¡Que no es mi ama! Solo somos buenos amigos. Yo pongo el deseo de amar y ella, digamos que es la que se divierte.

HERMES: Ya.

EROS: Ya, ¿qué?

HERMES: Nada. Que en la Tierra a eso le dan un nombre, y ese nombre es el de «chulo». *(Entra Deméter.)*

DEMÉTER: ¿Dónde está mi hija Perséfone, maldito embustero?

HERMES: ¡Oh, no! ¡La loca!

EROS: ¡Deméter! Calma tu ira, hija de Cronos y Rea. ¿Qué es lo que te preocupa?

HERMES: Pero ¿por qué le das correa a la transtornada esta? Te va a contar otra vez su historia, ya verás.

DEMÉTER: Perséfone es mi única hija. Zeus, ese malnacido, la había prometido en matrimonio a Hades, el psicópata amigo de los muertos.

HERMES: ¿Lo ves?

DEMÉTER: Mientras mi jovencísima e inocente Perséfone se encontraba en Sicilia recogiendo flores en el bosque con sus amigas las hijas de Océano, el dios de la oscuridad apareció repentinamente en su cuadriga tirada por caballos negros y se llevó a Perséfone.

EROS: ¡Ay, la pobre!

HERMES: Calla y no la animes.

DEMÉTER: ¿A que sí? La muchacha soltó las flores y me llamó temiendo por su vida, pero nada se pudo hacer. Hades la había raptado. Cuando me di cuenta de la desaparición de mi hija, empecé a buscarla. Vagué durante nueve días sin comida ni bebida. En un momento concreto me encontré con Hécate, que había oído los gritos de terror de Perséfone y me llevó hasta Helios, el dios del sol que puede ver todo lo que ocurre en la tierra desde su carro. El dios me contó que mi hija se encontraba en el mundo de los muertos.

EROS: ¡Qué fuerte!

HERMES: Pero si tú conoces la historia, la conoce todo el Olimpo.

EROS: Es que hoy tengo ganas de un buen drama.

DEMÉTER: Mi tristeza fue tan profunda que en vez de volver al Olimpo me quedé dando vueltas por el mundo.

EROS: Esta es mi parte preferida: «Y la sequía y la hambruna reinó por toda la tierra porque eres la diosa de la agricultura, y no tenías fuerzas para hacer crecer nada de ella».

HERMES: ¡Ay, dios!

EROS: «Hades se enamoró de Perséfone, le dio a comer unas semillas de granada para que no pudiera salir nunca del Inframundo y la hizo su reina».

DEMÉTER: ¡Mi hija! ¡Ay, mi hija!

HERMES: Ya empezamos. *(A Deméter.)* Mujer, pero no te preocupes. El acuerdo con Zeus sigue en pie. Seis meses con Hades, el otoño e invierno, y seis meses contigo, la primavera y el verano. De hecho ya comienza la primavera en la Tierra. Tu hija pronto volverá. Ya comienzas a rejuvenecer. ¡Mira qué bonita se te ve! Pareces una niña.

DEMÉTER: ¡Pero no es justo! ¡La quiero todo el año! Voy a hacer algo que debería haber hecho hace mucho tiempo.

EROS: ¿Qué?

DEMÉTER: Matar a Zeus.

EROS: ¿Qué dices? ¡No puedes!

DEMÉTER: Es verdad, no puedo. Primero mataré a Hades.

Eros: Son dioses inmortales, como tú y como yo. No puedes. No puedes, ¿verdad?

Deméter: Hablaré con mi amiga Hécate. Ella conoce la manera. Que se prepare el gran padre, porque puede que no hoy, ni mañana, quizás hasta dentro de un millón de años no suceda, pero algún día le mataré. Y a Hades, también, y a cualquiera que me lo impida. ¿Seréis vosotros?

Hermes: No, no.

Eros: Claro que no.

Deméter: ¡Cuidadito conmigo! ¡Os vigilo! ¿Zeus? ¿Hades? ¿Estáis ahí? ¿Hola? Tenemos que hablar. *(Sale.)*

Ganímedes: *(Entrando.)* Perdón por interrumpir. No me fulminéis con algunos de vuestros poderes de dioses. Solo soy un mortal, pero tengo que hablar con algunos de ustedes.

Eros: Mira qué guapo. ¿Deseas un amor? ¿Un rollito? Yo puedo hacer que cualquiera se fije en ti.

Ganímedes: Yo quiero irme a mi casa. ¿Puedes devolverme a ella?

Eros: No. Eres un capricho de Zeus. No puedo hacer nada. Lo siento.

Hermes: ¿Qué quieres, Ganímedes?

Ganímedes: Están empezando a llegar algunos dioses a casa, y como no había nadie que lo anunciara porque el dios mensajero, o sea vos, está en sus cosas, me he visto obligado a buscaros.

Hermes: ¡Ay madre mía! De esta me destierran. Voy raudo y veloz a anunciarles. ¡Adiós, Eros! *(Sale.)*

GANÍMEDES: Voy a mis obligaciones.

EROS: ¿En serio que no quieres enamorarte? Si es lo más bello que existe: amar, ser amado. Tener a alguien con quien compartirlo todo.

GANÍMEDES: *(Enfadado.)* Me han raptado. ¿Me entiendes? Estoy en una situación desesperada. Lo último en lo que pienso es en enamorarme. ¿Lo captas, oh, dios del deseo y del «nolopillovuelveadecírmelo»? ¡Vaya panda de inmortales! *(Sale.)*

EROS: ¡Cómo se ha puesto! Esto de tener que morir tiene que ser muy estresante.

HERA: *(Entrando.)* ¡El Olimpo! Todo está igual que cuando lo dejé. Decadente, deprimente, desilusionante. Menos mal que mi esposo Zeus aún no está. Mejor. Así podré sentarme en su trono, y probar qué se siente siendo la reina de los dioses.

EROS: ¿Hola? Estoy aquí ¿eh?

HERA: *(Sentándose.)* Chsss. No hables. Deja que goce un poco en silencio. *(Pausa.)*

EROS: ¿Puedo?

HERA: Chsss.

EROS: Es que...

HERA: *(Enfadada.)* ¿Qué quieres, Eros? ¿Se te han roto algunas de tus flechas del amor?

EROS: Es que te quería preguntar si has tenido éxito en tu misión, porque las Moiras han estado aquí y me dijeron que…

HERA: *(Levantándose asustada.)* ¿Las Moiras? ¿Las tres?

EROS: Sí, claro. Las tres. Siempre van juntas.

HERA: ¿Y qué te han revelado? Dímelo, pronto.

EROS: Que alguien va a morir aquí mismo, y que ese será el fin de los dioses olímpicos.

HERA: Te lo estás inventando *(Aparece una manzana dorada rodando.)*

ERIS: *(Entrando)* ¿El qué?

EROS: Nada.

ERIS: ¿Secretos a mí? ¿A Eris? Soy más poderosa que tú, Eros. Antes del deseo está la discordia, la confusión. Soy tu madre.

EROS: No, mi madre es... ¡Ah! ¡Vale! Que era una metáfora. Lo pillo.

HERA: Eris, dile a tu hermano Ares que prepare una guardia para proteger el Olimpo. Se cierne una amenaza. Las Moiras han estado aquí.

ERIS: Si tienes que proteger el Olimpo, busca a otro. Ese está más ocupado sembrando guerras por el mundo, y descansando en los brazos de la ama de este *(por Eros)*.

EROS: ¡Que Afrodita no es mi ama!

HERA: ¿Puede morir un dios?

ERIS: Cuando no se alimenta puede caer en un estado de coma, cuando se le hiere, puede sangrar, incluso sufrir, pero morir, hasta donde yo llego, no. Imposible.

HERA: ¿Entonces? ¿Quién va a morir aquí?

TÁNATO: *(Se oscurece la escena. Entrando.)* Ya ha muerto.

HERA: ¿Tánato? ¿Eres tú?

ERIS: El dios de la muerte en persona. Bienvenido. Que no te veamos nunca, y si nos visitas, que sea por otro.

TÁNATO: Saludos a los tres. Ese es un dicho de los humanos mortales. No esperaba escucharlo aquí. De hecho, es la primera vez que visito el Olimpo.

HERA: ¿Ha muerto alguno de los inmortales?

TÁNATO: Así es. ¡Vaya paradoja! Un inmortal muerto. Es hasta gracioso.

EROS: Pero ¿cómo?

TÁNATO: No lo sé. Pero la verdad es que en estos momentos se encuentra cruzando el Estigia.

EROS: *(Temblando.)* ¿Y... quién es el infortunado?

TÁNATO: Infortunada. Se llamaba Calíope.

ERIS: ¡Una de las musas!

HERA: ¡Ya son seis!

TÁNATO: ¿Seis? ¿Han muerto ya cinco?

ERIS: Tú lo deberías saber más que ninguno de nosotros.

TÁNATO: Ni idea. Es raro.

HERA: Hades nos dijo...

TÁNATO: No me hables de ese. Me tiene de los nervios. Algunos de sus invitados me los arrebata sin consultarme. Si es verdad que cinco musas están ya en su reino, eso es porque las ha raptado él mismo.

ERIS: ¡Vaya, vaya! Esto se pone interesante.

TÁNATO: Decidle cuando lo veáis que no se meta en el trabajo de los demás. Y que deje de raptar jovencitas, que ya tiene una edad. Viejo verde. Me marcho.

Tengo mucho que hacer *(Sale. Vuelve la luz. Entra Zeus, muy débil, en brazos de Apolo y Hefesto.)*

APOLO: Dejad paso. Dejad paso.

HERA: ¿Qué le pasa? ¿Por qué está así?

HEFESTO: Se ha desvanecido en la puerta. Nos lo encontramos así.

ERIS: ¡Vaya, vaya! Esto se pone intrigante.

ZEUS: Ya me encuentro mejor, hijos míos. ¡Gracias!

HERA: Esposo, ¿qué te ha ocurrido?

ZEUS: De repente me encontré mal y caí al suelo. No recuerdo nada más.

ERIS: Supongo que ya sabrás la noticia.

ZEUS: ¿Qué noticia?

ERIS: ¡Oh, vaya! Menos mal que estás ya sentado. Calíope, la musa, tu hija, la más querida por ti, ha muerto.

ZEUS: ¡No! ¡Calíope!

ERIS: Lo siento.

APOLO: ¿Pero de muerte natural?

HERA: ¿Qué pregunta es esa? ¿Puede morir un dios, aunque sea una diosa menor como es Calíope? ¿Es que eres tonto o algo parecido?

APOLO: Entonces, ¿alguien la ha asesinado?

HEFESTO: ¿Pueden matarnos? ¿No éramos inmortales?

EROS: Pues parece que ahora no.

HEFESTO: Entonces si yo quisiera, ¿podría asesinar a otro dios?

ERIS: En teoría, sí. ¿Tienes a alguien en mente, querido Hefesto? ¿Uno con mucho musculito?

HEFESTO: Eeeh… no… no… solo preguntaba.

HERA: Debemos protegernos. Esposo, haz que cierren el Olimpo. Que no entre ni salga nadie.

ZEUS: Aún quedan dioses por venir.

HERA: ¿Y vas a dejar que nos aniquilen a todos?

APOLO: ¡Ah, no! Yo no pienso estar aquí encerrado. Tengo varias citas esta semana. Las cincuenta hijas de Océano me han dicho que sí. No puedo defraudarlas.

HERA: De aquí no sale nadie. Son órdenes de Hera *(mirando a Zeus.)* Si tú estás de acuerdo, por supuesto.

ZEUS: Esperaremos a que estén todos. Que Hermes busque y encuentre a los que salieron del Olimpo.

HERA: ¡Vamos! ¡Decídselo! Yo tengo que estar al lado de mi esposo. *(Salen Hefesto y Apolo.)*

ERIS: ¿No sería buena idea llamar a Asclepio, el médico? Veo a Zeus muy desmejorado.

HERA: ¿Asclepio? Es igual de inútil que su padre Apolo. Solo sabe diagnosticar catarros y algún dolor de cabeza.

ASCLEPIO: *(Entrando.)* ¿Me llamaban a mí?

ERIS: Ups. Me he permitido la licencia de llamarlo antes de preguntarte. Sí. Es Zeus. Está muy perjudicado.

ASCLEPIO: ¿Zeus? ¿Abuelito? ¡Ay, por favor! ¡No te nos mueras, abuelo!

EROS: ¡Qué patético!

ERIS: ¿Qué le ocurre? ¿Por qué está tan débil?.

ASCLEPIO: *(Cogiendo la muñeca de Zeus.)* Mmmm.

Claramente es debilidad. La causa puede ser que el humor melancólico se ha apoderado de él. Hay que darle dos friegas y ponerle en salmuera. Luego secarlo y servirlo.

HERA: ¿Pero qué dices, tarado?

EROS: Parece una de las de recetas de Hestia. *(Ríe.)*

ASCLEPIO: Perdón, perdón. Es que estoy muy nervioso. Siempre había tratado con mortales. Esto de intentar curar a un dios, es la primera vez. Bueno, la segunda. La pobre Calíope ya estaba muerta cuando me avisaron.

ERIS: ¿Has visto a la musa? ¿Cómo estaba?

ASCLEPIO: Muerta.

ERIS: Ya lo sabemos. Digo que si pudiste averiguar, observándola, cómo murió.

ASCLEPIO: Tenía los ojos desorbitados, salidos de sus cuencas. La boca desencajada y la lengua azul. Yo diría que murió mientras dormía.

HERA: ¿Mientras dormía? ¿Se puede ser más inútil? *(Ruido fuera.)* Esposo, esposo. Despierta. Ponte firme. Creo que están llegando todos. Han hecho caso, por una vez, a tu mensajero Hermes. *(Por el lateral entran todos los dioses, menos Atenea.)*

ZEUS: *(Recomponiéndose.)* ¡Bienvenidos, oh, hijos, hermanos, dioses todos del Olimpo, nuestro hogar! Vuestros asientos siguen intactos tras vuestra partida, y estoy deseando saber de vuestras andanzas, pero desgraciadamente una terrible noticia ha perturbado la paz de esta casa.

POSEIDÓN: Todo mal en tu reinado, querido hermanito. Si en el reparto del mundo me hubiera quedado con tus posesiones, otro gallo cantaría.

HADES: ¡Qué cansino eres! Siempre con lo mismo. Pareces Sísifo subiendo la roca a la cima de la montaña, dejándola caer, y otra vez hacia arriba. Por cierto, un castigo muy original, Zeus, lo reconozco.

APOLO: ¡Dejadle hablar! El pobre se ha desmayado hace poco y necesita no esforzar la voz.

HADES: ¿Desmayado? ¿Estás bien? ¿Tenemos que preocuparnos?

APOLO: Está regulinchi. Hace poco no hacía más que quejarse.

ZEUS: *(Levantándose.)* ¡Cállate Apolo!

APOLO: Lo siento, padre. Me callo.

ZEUS: No sé si en vuestros viajes por el mundo habéis averiguado algo del paradero de las cinco musas, y cómo evitar el mal que nos acecha, pero os aseguro que la tragedia ha llamado a nuestras puertas. Mi hija Calíope ha muerto, y posiblemente asesinada. *(Conmoción general.)* Sí. Yo estoy tan aturdido como todos. Hasta ahora no sabíamos que un inmortal podía morir. Lo cual significa que ninguno de nosotros está a salvo. Si pudieron acabar con una musa, ¿por qué no con un dios? *(Nueva conmoción.)* Mientras averiguamos la razón de este crimen y su culpable, declaro el estado de excepción en el Olimpo. A partir de ahora ni se saldrá ni se entrará a este palacio. He hecho sacar del Tártaro a los Hecatónquiros, los seres de cien brazos y cincuenta cabezas, Coto, Briareo y Giges, que bajo promesa de libertad provisional de un eón, serán los guardianes y no dejarán que ni una mosca entre ni salga. Así que haceos a la idea de que pasaremos una larga temporada aquí. *(Se vuelve a desmayar.)*

HERA: Esposo, esposo.

APOLO: Está ya chocho.

HERA: Pero ¿por qué esta debilidad?

ERIS: Creo saber lo que pasa. Y Hestia también lo sabe.

HESTIA: Calla, liosa. Era un secreto.

ERIS: ¿Secretos? ¿Desde cuándo hay secretos entre los Olímpicos?

HESTIA: Si hablas, las consecuencias serán terribles.

TODOS: Habla, habla.

ERIS: No quiero ser un pájaro de mal agüero, pero creo que nos acercamos al fin del reinado de los dioses. Zeus tiene un «talón de Aquiles», una debilidad. Esa debilidad son sus hijas, las musas. Cuando las concibió, en el vientre de Mnemósine….

HERA: ¿Por qué hay que airear esa infidelidad de mi esposo? ¿Es necesario?

ERIS: Lo es. Mnemósine, la personificación de la memoria. Un ser muy poderoso. Garante del poder del recuerdo, de todo lo que ha ocurrido en el mundo terrenal, y por supuesto en el nuestro. En ese encuentro se puso en marcha nuestra destrucción.

HESTIA: No lo digas, Eris. Por favor.

ERIS: He de decirlo. Soy así. Causo desorden y destrucción ¿recuerdas? *(Ríe.)* Pues bien, Zeus, ante tan poderoso ser, entregó mucho más de lo que él hubiera querido. En las nueve hijas que nacieron, las nueve musas, está todo su poder. Si ellas desaparecieran, Zeus, nuestro padre, también.

HERA: ¿Cómo? ¿Es eso verdad?

HESTIA: Yo te maldigo, Eris.

ERIS: No tienes ningún poder sobre mí.

APOLO: ¿Y Zeus lo sabe?

ERIS: Claro que lo sabe. El oráculo se lo advirtió antes de que pretendiera a Mnemósine, pero ¡ay! El apetito sexual de Zeus, como el de muchos otros aquí presentes, que no quiero señalar, fue más apremiante que el peligro. Y de esta manera, de forma estúpida, puso todo su poder en manos de nueve criaturas.

HADES: Menudo imbécil. Hay que tener más templanza cuando se es un dios. Miradme a mí. Ni siento ni padezco. Frío como el témpano. Así ha de ser.

DEMÉTER: No me hagas hablar, no me hagas hablar.

APOLO: Chsss. Parece que vuelve en sí.

HERA: Ni una palabra. Juradlo. Todos.

TODOS: Lo juramos.

ZEUS: ¿El qué juráis?

APOLO: Que... que no saldremos de aquí. Siempre estaremos bajo tus órdenes, ¿verdad?

AFRODITA: No es justo. Estoy en mi mejor momento. Quiero salir.

HEFESTO: Pero si acabas de entrar. Descansa, bonita, descansa.

59

HESTIA: No os preocupéis por vuestro sustento. El almacén está lleno de ambrosía. No pasaremos hambre. El fuego del hogar siempre estará encendido, y podremos jugar, cantar canciones...

ARTEMISA: ¡Me ahogo! ¡Me ahogo! No aguanto los espacios cerrados. Necesito campo. Me marcho.

ERIS: ¡Cálmate, muchacha!

ARTEMISA: ¡No me calmo! Vosotros sois ya expertos y controláis vuestros poderes desde aquí, pero ¿y yo? ¿Cómo van a defenderse mis amigas ninfas y náyades?

ERIS: ¿De tu hermano Apolo? Está aquí, encerrado como todos nosotros.

ARTEMISA: ¡No! Digo de los sátiros y los faunos. Son seres insaciables. No tendrán freno.

HADES: Yo estoy en pie de igualdad contigo, Zeus. No puedes atarme. Mi reino me necesita.

DEMÉTER: Yo soy la que necesita a mi hija. ¿Dónde está Perséfone? Ya me toca tenerla.

HADES: ¡Válgame el Éter! ¡Lo que me faltaba! Estar encerrado con la loca de las plantas. *(A Deméter.)* Culpa a mi hermano Zeus. Precisamente iba ahora a por ella, pero esta reclusión forzosa me lo impide. Mira tú qué cosa.

DEMÉTER: No juegues conmigo. Si no me traes a Perséfone llenaré de flores la puerta del Tártaro. Ni tu perrito guardián, Cerbero, podrá entrar.

HADES: Ni tu hija salir. Por favor, que se lleven a esta diosa bien lejos de mí. Me satura.

EROS: Yo creo que si todos cerramos los ojos y deseamos muy fuerte muy fuerte muy fuerte, que este asunto tan feo se arregle, se solucionará. No olvidéis que soy el dios del deseo.

DIONISO: ¡Callaos todos! Tened un poco de dignidad por una vez.

ERIS: ¡Vaya! El digno va a dirigirse a nosotros. ¿Aún sobrio, Dioniso?

DIONISO: Sí, bueno. Es que la idea de estar aquí encerrado, sin vino, me ha serenado de golpe. Debemos buscar soluciones. Somos dioses. ¿Alguna idea?

ATENEA: *(Entrando.)* Yo tengo una. La que nos va a salvar a todos.

EROS: ¿Cómo has entrado?

ATENEA: Por favor. Soy Atenea, diosa de la astucia. Esos gigantes deformes de la puerta no son rivales para mí.

ZEUS: Hija mía. ¡Qué alegría! Eres nuestra única esperanza. Dinos qué solución traes.

ATENEA: Mi solución ha venido conmigo. Quiero que no lo asustéis, porque es humano y no está acostumbrado a estas muestras de poder divinas.

AFRODITA: ¿Un humano? ¿Y es guapo?

ATENEA: No precisamente. Es feo, calvo, viejo, ojos saltones, labios abultados. Como un sileno.

AFRODITA: ¡Qué decepción!

ATENEA: Pero posee algo que nos ayudará. Algo muy especial que ya predijo el oráculo de Delfos.

APOLO: Lo sé, lo sé. Yo fui el intérprete. Lo que tenía de especial era poder.

ATENEA: No, imbécil.

APOLO: ¿Que era imbécil? No sé qué es eso de especial. Hay muchos humanos que lo son.

HERA: Y dioses.

ATENEA: Sabio. El más sabio de toda Grecia.

APOLO: ¡Ah, eso!

ATENEA: He encontrado a ese hombre. Se llama Sócrates. Es de Atenas.

ERIS: Claro. ¡Qué casualidad! ¡Atenas! La ciudad de la que eres patrona. ¡Oíd, familia! Atenea quiere que traguemos con su chovinismo. En Atenas viven los mejores escultores, los mejores dramaturgos, los mejores políticos, los mejores guerreros, las mejores matronas, los mejores héroes, y ahora ¡vaya! el hombre más sabio de toda Grecia.

ATENEA: ¡Calla, buscabullas! ¡Siempre liando! Ya he visto al entrar tu manzana ahí tirada. Esta vez te equivocas, guapa. Si no sabéis lo que ocurre estos días en Atenas yo os lo explico. Sócrates ha sido condenado a muerte.

ZEUS: ¿Por qué?

ATENEA: Tiene muchos enemigos, y tres de ellos lo acusaron de corromper a la juventud y de no creer en nosotros.

HERA: Si no cree en nosotros, ¿cómo nos va a ayudar?

ATENEA: Porque es mentira. Lo han hecho para perderle. La condena es morir bebiendo una copa de veneno. Aproveché que en la cárcel, donde está recluido, no estaba ni su mujer Jantipa, ni su discípulo Aristocles, para dormirle y traerlo al Olimpo.

ZEUS: No lo hagamos esperar más. Poned pose de dioses. Que sea familiar nuestra estampa a la que esté acostumbrado a ver en los templos atenienses. *(Todos se afanan en poner pose de estatuas conocidas.)*

ATENEA: Pasa, querido Sócrates.

SÓCRATES: *(Entrando. Un viejo barbudo, vestido con solo una túnica y descalzo.)* Estoy soñando, no puede ser de otra manera. Solo en un sueño puedo ver estas figuras hermosas.

AFRODITA: Gracias.

SÓCRATES: No puede ser verdad. Es el mundo de las Ideas, el Olimpo perfecto. Despiértame, diosa protectora. O mejor, no lo hagas. Es demasiado bonito. Déjame disfrutar antes de volver a mi triste realidad.

ATENEA: No es un sueño, Sócrates. Te has elevado hacia los dioses. Estás ante la presencia de Zeus, Hera, Poseidón, Hestia, Hades, Artemisa, Hermes, Hefesto, Ares, Afrodita, Dioniso, Deméter, Asclepio, Eris, Eros y Apolo *(todos se mueven cuando los va nombrando.)*

SÓCRATES: No, no, por favor. No me fulminéis. He intentado ser devoto vuestro toda mi vida, aunque últimamente no visito mucho los templos.

ZEUS: Tranquilízate, mortal. Si te he de ser sincero, tampoco nosotros nos prodigamos en esos lugares.

SÓCRATES: ¡Zeus! ¡Zeus me ha hablado! ¡A mí! *(Se arrodilla y eleva sus brazos.)* No soy digno, oh, padre de los dioses.

APOLO: ¡Qué gracioso el viejecillo!

Sócrates: ¡Apolo! ¡Mi preferido! *(Se arroja ante él.)* El más poderoso de entre los dioses, el más digno para adorar. ¡Cuántas veces he visitado el gimnasio y contemplado a mortales que intentaban vanamente parecerse a ti!

Apolo: ¡Eh! ¿Habéis oído? Soy el mejor.

Ares: ¡Las ganas! Yo mejor, el más fuerte. Uggg.

Artemisa: Con mi hermano no se mete nadie más que yo.

Hera: ¿El más poderoso? Pero si es tonto.

Eris: Este Sócrates me está cayendo bien.

Atenea: *(A Sócrates.)* Levántate, amigo. Ya tendrás tiempo de postrarte ante todos. Tienes una misión que cumplir en el Olimpo. Para eso has sido elevado a lo más alto.

Sócrates: *(Levantándose.)* Claro, claro. Lo que digáis. Es que me emociono. *(Mirando alrededor.)* Sois tan bellos. Y reales.

Hades: Por favor.

Hestia: Es adorable.

Poseidón: ¿Y este es el hombre más sabio? Vaya nivel de humanidad. Debería haber otro diluvio, a ver si mejora la especie.

Sócrates: ¡Hades! ¡Hestia! ¡Poseidón! ¡Os adoro!

Hades: Lo sabemos. Para ya.

Zeus: Querido Sócrates, céntrate. Necesitamos tu ayuda.

Sócrates: Sí, sí. Me centro. Oooh. Se os ve tan… ¡perfectos!

ATENEA: ¡Sócrates!

SÓCRATES: Está bien. Está bien. ¿Qué queréis de mí?

ZEUS: Según Atenea y el oráculo de Delfos, tú eres el hombre más sabio de toda Grecia.

SÓCRATES: Eso creo yo también.

ATENEA: ¡Sócrates! ¿Qué hemos hablado tú y yo sobre la modestia?

SÓCRATES: La falsa modestia, con tu benevolencia, es un obstáculo para el autoconocimiento y la búsqueda de la verdad, y es una forma de engaño que va en contra de la virtud de la honestidad.

EROS: Toma ya.

SÓCRATES: Cuando me contó Atenea que la pitonisa dijo que yo era el más sabio, me negué a admitirlo, puesto que «yo solo sé que no sé nada». Pregunté a todos los que consideraba hombres sabios, y cuanto más indagaba, más me daba cuenta de que era verdad: que todos lo que se creían que sabían, sabían menos que yo, luego yo soy el más sabio de toda Grecia. ¿Me entendéis?

APOLO: Totalmente. ¿Puedes repetirlo?

ZEUS: Bueno, bueno. Si es así, eres el único que puede ayudarnos. Han ocurrido varias desapariciones y un asesinato. Seis de las nueve musas son las víctimas: Clío, Euterpe, Melpómene, Polimnia, Talía y, la última, Calíope.

SÓCRATES: Pero eso es imposible. ¿No son inmortales? Sería una contradicción lógica.

ZEUS: Contradicción o no, es la realidad. Por primera vez la muerte ha penetrado en nuestro hogar.

ATENEA: Queremos que investigues, querido amigo, y que averigües quién ha causado estos males, y qué pretende al hacerlo.

SÓCRATES: Un honor ser vuestro perro sabueso, oh, dioses, pero os quiero preguntar primero algo, si os place.

ZEUS: Dínos.

SÓCRATES: ¿Un hombre es inferior a un dios?

HADES: Por supuesto.

SÓCRATES: Y un animal, ¿es inferior a un hombre?

APOLO: Hasta yo lo sé: sí.

SÓCRATES: ¿Creéis que soy un burro?

ARTEMISA: Tienes toda la cara, pero en teoría no.

SÓCRATES: ¿Es un burro un animal sabio o tonto?

HEFESTO: ¿Para qué tantas preguntas?

ARES: Me duele la cabeza

AFRODITA: Tranquilo, apóyate en mí.

SÓCRATES: Repito que si a los burros se les consideran tontos o sabios.

HERA: Tontos, como todos mis hijos.

SÓCRATES: Entonces, si de un burro se dice que es un tonto, y yo no soy un burro, y ni siquiera un animal, se puede decir que soy sabio.

HADES: Muy traído por los pelos, pero puede decirse que sí. Al menos no tan tonto.

ARTEMISA: ¿A dónde quieres llevarnos con tu argumento?

SÓCRATES: A que si soy inferior a los dioses, pero no soy tonto, ¿por qué se me ocultan cosas? Veo en vuestros rostros y actitudes que sabéis de un gran secreto que no quiere que alguien lo sepa ¿Qué es?

APOLO: Guauuu.

ZEUS: ¿Qué secreto?

HERA: Nada, querido esposo. Está chocheando, eso es todo.

POSEIDÓN: Será la altitud. Subir de Atenas al Olimpo, ya sabes, la descompresión.

SÓCRATES: No. Estoy perfectamente.

ATENEA: Padre, creo que tenéis que descansar. Hace poco os sentíais debilitado.

ZEUS: Y aún lo estoy. Tienes razón.

APOLO: Como siempre. Es doña Perfecta.

ZEUS: Me retiro a mis aposentos. Sócrates, en cuanto a ti, tienes permiso para acceder a cualquier recinto del Olimpo. Tienes vía libre para preguntar, apoderarte de objetos, indagar, lo que haga falta para solucionar tantos enigmas. Gracias, hija mía, por traerlo.

SÓCRATES: *(Postrándose.)* ¡Oh, padre celestial! Me esforzaré para saber quién es el responsable de las desapariciones y de la muerte de esas musas, su móvil, el arma y sus cómplices. No dejaré títere con cabeza. Seré implacable, temerario, audaz. Un tábano picando en la piel de todos y cada uno de los habitantes del Olimpo.

ZEUS: *(Riendo.)* Bien. Con que des una conclusión feliz al asunto es suficiente. Adiós. *(Sale.)*

ERIS: Vaya con el viejo. Conque no nos vas a dejar

tranquilos. *(Se acerca amenazadora a Sócrates, al igual que varios dioses.)*

ATENEA: *(Interponiéndose.)* No os acerquéis. Está bajo mi protección.

HERA: Que nos diga qué es lo que sabe.

SÓCRATES: Solo sé que no sé nada.

HERA: Y un higo para ti. ¿Qué has insinuado antes? ¿Qué secreto crees que guardamos?

SÓCRATES: O sea que era verdad. Tenéis un secreto, y por lo que intuyo es sobre Zeus.

HESTIA: Es más listo que tú, Hera. Y más listo que todos nosotros. Contádselo. Ya qué más da.

SÓCRATES: No, no. Dejadme deducirlo. Me servirá para desentumecer los músculos de mi razón.

APOLO: Los músculos de su ¿qué?

ATENEA: Adelante, Sócrates.

SÓCRATES: Habéis comenzado a amenazarme justo cuando Zeus se ha ido, por lo que intuyo que no queréis que él sepa que sabéis el secreto.

AFRODITA: Me aburro.

DIONISO: Y yo. Mucho.

SÓCRATES: Y como el secreto es sobre Zeus, Zeus es consciente de ese secreto.

APOLO: Pues…

SÓCRATES: La debilidad de Zeus es nueva, puesto que todos estáis muy preocupados, en especial vos, Hestia.

HESTIA: Es que soy muy familiar, y me encariño con cualquiera.

SÓCRATES: Puesto que es reciente ese decaimiento del padre de los dioses, deduzco que ha tenido que ver con los padecimientos de esas pobres musas. ¿Me equivoco?

DIONISO: Caliente, caliente.

SÓCRATES: Y como Zeus no es un ningún ser sentimental, sino que al contrario, es depravado, cruel, misógino...

HERA: Y más aún.

SÓCRATES: … taimado, traicionero...

HERA: Ahí le has dado.

SÓCRATES: Y muchas cosas más. Deduzco que no es lástima lo que siente por sus hijas, las musas, sino que es algo más.

DIONISO: Ardiendo. Te quemaste.

HESTIA: Acertaste. Su poder está en ellas. Todo él. Si son destruidas, Zeus desaparecerá, y con él todos nosotros.

ATENEA: Está claro que alguien quiere nuestra perdición.

SÓCRATES: Tengo hambre.

ATENEA: ¿Cómo?

SÓCRATES: Que tengo hambre. Dadme de comer. Yo no sé vosotros, pero los humanos necesitamos alimentarnos.

ATENEA: Eh, bueno, sí, claro.

HESTIA: ¿Un poco de ambrosía?

HERA: ¿Cómo le vas a dar eso a un mortal? Lo mataría.

DIONISO: ¿Y vino? Es un alimento, y además da alegría. ¿Qué más se puede pedir?

SÓCRATES: Me muero de hambre.

POSEIDÓN: ¡Qué decepción! Parecía, con sus deducciones, un ser extraordinario, pero se ha descubierto como un vulgar humano, pidiendo cubrir sus necesidades básicas.

ATENEA: No te preocupes. Tenemos comida. Ganímedes te la traerá. Descansa mientras. Y vosotros *(a los demás),* id a vuestros aposentos. Ya tendremos más ocasiones de hablar.

HADES: No entiendo por qué tantos desvelos con este pueblerino. Es un charlatán, un malabarista de las palabras. Nada de lo que dice tiene sentido. Me voy a mi reino.

DIONISO: No puedes salir, ni ninguno de nosotros.

APOLO: Es verdad.

HADES: El viejo Zeus desconoce muchas salidas del palacio. Sé que no lo vais a usar, pero detrás del ala este, junto a la fuente de Fortuna, hay un pasadizo que conduce directamente al exterior. Es lo suficientemente ancho como para que podamos salir todos. Haced lo que os dicten vuestras ganas de libertad.

APOLO: ¡Qué bien hablas! Pues mis ganas dicen que adiós *(sale.)*

DIONISO: ¡Uy! ¡Uy! ¡Uy! La de cosas que tengo que hacer *(sale.)*

HERA: Antes de que os marchéis todos en desbandada, pensad lo que hacéis. La seguridad de Zeus es la seguridad de todos. Sé que, como yo, la mayoría de vosotros lo odiáis, pero está en juego nuestra misma existencia. Por favor, familia, no os marchéis. *(Pausa. Salen todos menos Atenea, Hades y Asclepio.)* ¡Cabrones! ¡Hijos desagradecidos! Cuando ya no haya Olimpo, ¿dónde viviréis? Si es que vivís. ¡Idiotas! ¡Imbéciles!

ATENEA: No te molestes, ya no te escuchan.

HADES: Ahora me dais pena. Si es que en el fondo soy un sensiblón. Está bien. Me quedo. ¿Y ahora qué hacemos con este? Si no come, ¿no anda ni piensa? Mira qué carilla se le ha quedado.

SÓCRATES: No. No importa. Ya no tengo tanta hambre. Ahora que nos hemos quedado un poco más solos, quisiera preguntaros algo a los cuatro.

HERA: Pregunta.

SÓCRATES: ¿De verdad los dioses sois así?

HADES: Así ¿cómo?

SÓCRATES: Tan humanos.

ATENEA: No te entendemos.

SÓCRATES: Nada. Solo reflexionaba *(Aparece por un lateral Daimon, un ser mudo que aparentemente solo ve él.)* ¡Eh! ¡Hola! ¡Qué alegría! Pensaba que te había perdido a mi llegada al Olimpo. ¡Qué susto! No puedo vivir sin ti.

ATENEA: ¿Con quién hablas?

SÓCRATES: Con mi Daimon. Mi genio protector. Me ha acompañado desde que tengo uso de razón.

HADES: ¡Dioses! Este hombre está loco. ¡Un genio protector! ¡Invisible! ¿Quién puede creer en esto?

ATENEA: Por lo visto, él sí.

HERA: ¿Siempre protegiéndole?

ATENEA: Siempre. Si él cree que es real, será verdad.

SÓCRATES: Es real. ¿No lo veis? Salúdales. Haz gestos para que te vean. *(El Daimon obedece y hace obscenidades.)* No hagas eso. Que son dioses. Nos van a echar de aquí.

HERA: Eh, bueno, sí.

ASCLEPIO: Creo saber lo que le ocurre. Si me permitís, voy a examinarle. *(Se acerca a Sócrates y le hace varias comprobaciones).* Sí, es un caso claro de confusión posreumática. El tratamiento es ofrecerme un gallo.

HADES: No debería preguntar, pero ¿un gallo?

ASCLEPIO: El gallo es el animal más maravilloso que salió del vientre de Gea. Un gallo sirve para todo: para despertarse, para luchar, para comérselo.

SÓCRATES: *(Ríe.)* Me meo.

ASCLEPIO: ¿Te meas? Es verdad que los humanos tenéis que orinar. ¿Necesitas un cubículo especial?

SÓCRATES: *(A Asclepio.)* Eres graciosísimo. Y a mi Daimon también se lo pareces.

ASCLEPIO: Ah, pues dale las gracias. Dile que me de un gallo también.

SÓCRATES: No, soy yo el que te lo debería dar.

ASCLEPIO: Oh, muy amable, humano ateniense. Lo recibiré con gusto. A mí los gallos me encantan. Por cada gallo que me regalan, yo devuelvo un día más de vida ¿lo sabías?

SÓCRATES: No, ¿es eso verdad?

ASCLEPIO: Y tan verdad. Tánato, el dios de la muerte, es muy amigo mío, y hace la vista gorda cuando se lo pido.

SÓCRATES: Pues, ¿sabes qué?

ASCLEPIO: Que me deberás siempre un gallo.

HADES: ¡Por las moiras! ¡Ya basta! No aguanto al tontolaba este, digno hijo de su padre Apolo. Si me he quedado ha sido para ayudar, no para aguantar un diálogo absurdo. ¿Este viejo es el más sabio que existe? Por favor. Un poco de seriedad.

ASCLEPIO: ¡Eh! Que yo no me he metido contigo.

SÓCRATES: Perdón. Tienes razón, Hades, y dioses aquí presentes. Pongamos seriedad y reflexión. Me pregunto, rey del Inframundo, ¿qué hacen las cinco musas en tu poder?

HADES: ¿Mi poder? No están en mi poder. Se encuentran allí porque están muertas.

SÓCRATES: Puede ser. Pero ¿no es verdad que algunas veces hay gente no muerta en tu palacio?

HADES: No me irás a recordar una vez más a Perséfone. ¡Ya está bien! Vale que la secuestré, pero ahora está muy a gusto siendo mi reina. Preguntadle a ella.

HERA: Tendríamos que preguntar a Deméter al respecto.

HADES: No. A la loca no.

SÓCRATES: *(El Daimon hace un gesto de negación.)* ¿Qué dices? ¿Que no siga por ahí?

HADES: ¿Con quién hablas, zumbado?

SÓCRATES: Está bien. No voy a seguir interrogándote. Mi Daimon nunca afirma u ordena algo en positivo, solo interviene para decir que no o para disuadirme de algo. Y le hago siempre caso.

ATENEA: Ojalá que todos los humanos tuvieran un Daimon como el tuyo, Sócrates.

SÓCRATES: Lo tienen. Diferente al mío, pero lo tienen. Se llama sentido común.

ASCLEPIO: Sócrates, como dios supremo de la medicina, te ordeno que evites que los rayos de Helios te den directamente en la cabeza. Se te achicharrarían los sesos. Y luego cuando Selene esté creciente, aféitate la barba. Si así lo haces, podrás tener muchos hijos morenos.

SÓCRATES: *(Ríe.)* Asclepio, te debo otro gallo.

ASCLEPIO: Pues yo te daré un día más de vida.

SÓCRATES: No voy a interrogarte más, Hades, pero sí puedo preguntaros a vosotras, Hera y Atenea.

ATENEA: Adelante.

HERA: Cuando quieras.

SÓCRATES: Habéis aceptado de forma muy sumisa que un ser, a priori inmortal, pueda morir. Sin preguntaros el cómo.

ATENEA: ¿Perdona? Yo soy Atenea, diosa de la sabiduría. Por supuesto que me lo he preguntado.

HERA: Y yo, y yo.

SÓCRATES: ¿Y cuál es vuestra respuesta?

ATENEA: Que… que… responde tú, anda.

HERA: Pues que, de algún modo, fortuitamente… Mira, no tengo ni la más remota idea.

SÓCRATES: Lo suponía. Me sorprendió que nadie de entre vosotros dedujera que tenía algo que ver con el icor, la sustancia de la que está hecha vuestra sangre.

HADES: Yo sí lo sospechaba.

SÓCRATES: *(El Daimon le hace gestos negativos.)* No puedo hablar contigo, lo siento, me lo impide mi Daimon. El icor es lo que os da la inmortalidad ¿no es cierto?

HERA: Así es.

SÓCRATES: Si os vaciaran completamente de icor, en teoría, moriríais ¿verdad?

ASCLEPIO: Pues sí. Pero eso no puede ser.

SÓCRATES: ¿El qué?

ASCLEPIO: Quitar todo el icor a un dios, es imposible. No tenemos arterias ni venas como las que tienes tú.

SÓCRATES: Pero sí podéis vomitarlo.

ASCLEPIO: ¡Qué asco!. Pero sí, puede ser.

SÓCRATES: O corromperlo, mezclarlo con otra sustancia.

ATENEA: ¿Te refieres a veneno?

SÓCRATES: Así es. Yo creo que un asesino anda suelto por el Olimpo, y que es responsable de la muerte de al menos una musa. ¿Motivo? Acabar así con Zeus. ¿Cómo? Con veneno.

HERA: Es terrible.

SÓCRATES: Solo falta saber dónde se puede adquirir veneno en el Olimpo, y tirar del hilo.

ASCLEPIO: ¿De Ariadna?

SÓCRATES: Sí, claro. Eso.

ATENEA: Solo hay una diosa que nos podría ayudar. Una diosa relacionada con el mundo oscuro. Una maga. Una bruja. Es terrible acudir a ella, pero si no queda más remedio, la convocaremos.

SÓCRATES: ¿Qué dices tú, Daimon? ¿Nada? Pues entonces, sí. Es buena idea.

HADES: Estos griegos están locos.

ATENEA: Anda, acompáñame. Necesitas descansar.

SÓCRATES: Sí, y comer. Dime Atenea, ¿es bueno comer?

ATENEA: No es bueno, es necesario, sobre todo para los mortales como tú. A mí no me líes que ya conozco tus deducciones. No olvides que te conozco desde que naciste.

SÓCRATES: Echo de menos mi ciudad. Nunca había salido de ella. Bueno, sí, solo para ir a la guerra.

ATENEA: ¿Que la echas de menos? ¿No recuerdas nada de lo que te pasó?

SÓCRATES: No. ¿Qué me pasó? *(El Daimon hace gestos negativos.)* Vale, mejor no pregunto.

ATENEA: Como quieras. Pero es que es algo tan injusto contra ti. Me avergüenza lo que te están haciendo.

SÓCRATES: ¿Qué es justo? ¿Qué es la justicia?

ATENEA: La de Zeus.

SÓCRATES: Pero Zeus no es justo. ¿No piensas que la justicia de alguien injusto no es justicia?

ATENEA: Ay, déjame. No estoy ahora para debates filosóficos.

HÉCATE: *(Entrando atropelladamente.)* ¿Quién se ha atrevido a convocarme? ¿Quién osa molestarme?

ASCLEPIO: He sido yo. No sé cómo, porque solo lo pensé para mí, pero ¡funcionó!

HÉCATE: Yo necesito una entrada espectacular. Hécate, la oscura, que soy yo, no llega a los sitios de esta manera: corriendo, despeinada, sin una preparación. Me voy y ahora vuelvo. *(Sale.)*

HADES: Adiós

ASCLEPIO: Adiós

SÓCRATES: Adiós.

HÉCATE: *(Entrando.)* Yo soy Hécate, la encantadora, la hechicera. Contemplad a la amiga de los espíritus de los muertos, de los fantasmas. Temblad con mis maldiciones. Llorad cuando os haga llegar mis honorarios. Aaah. *(Todo el discurso lo ha hecho de espaldas a los presentes.)*

HERA: Estamos aquí.

HÉCATE: Ah, sí. Aaah. Es que os estaba probando. ¡Oled el aroma de la destrucción!

HADES: Huele a huevos podridos.

HÉCATE: Ah, sí, perdón. Me tengo que lavar bien las manos. Esto de manipular brebajes nauseabundos es lo que tiene.

SÓCRATES: No eres tan terrible, Hécate. Más bien un poco peculiar.

HÉCATE: Aaah, ¡qué susto! ¿quién o qué es esto?

ATENEA: Te presento a Sócrates, un sabio que nos va a ayudar.

HÉCATE: ¿No hay suficientes sabios en el Olimpo que tenemos que recurrir a un mortal? Estoy yo, por ejemplo. Soy muy instruida, me conozco todos los templos donde pueden refugiarse las musas. Soy capaz de reconocer...

Sócrates: ¿Cómo sabes que el problema son las musas? Que yo sepa, estabas fuera cuando Zeus convocó a todos los dioses, y no has llegado aquí hasta que Asclepio te invocó.

Hécate: Uuuh, uhhh, yo soy Hécate, mortal, y tengo conocimiento de lo oculto, lo oscuro. Me lo ha dicho el espíritu de un pajarito.

Sócrates: No te creo.

Hécate: Y yo tampoco te creo a ti. Hala. ¿Cómo te has quedado?

Sócrates: Igual.

Hades: ¿Qué sospechas, Sócrates?

Sócrates: *(Condescendiente.)* Hécate. Hécate. Hécate. Tú tienes un motivo muy claro para matar a Zeus. Él persiguió a tu madre, Asteria, para forzarla. La pobre, para escapar, se convirtió en codorniz. Voló y voló, y se sumergió en el mar, convirtiéndose en una isla.

Hécate: Si el odiar a Zeus por ser un acosador, es motivo para matarlo, todos en el Olimpo somos asesinos potenciales.

Sócrates: Pero nadie maneja como tú las artes oscuras.

Hécate: Soy una pobre mujer, indefensa, que ya está perdiendo la vista. No tengo ni hogar propio. Me refugio en los albergues de los caminos, y por unas monedas leo la buenaventura a las gentes.

SÓCRATES: No es eso lo que decías en tu entrada triunfal.

HÉCATE: Hago un papel, como todos en este mundo. Tanto dioses, como humanos, salimos adelante como podemos.

SÓCRATES: Te pregunto una vez más, Hécate: ¿tienes algo que ver con la muerte de Calíope?

HÉCATE: Soy una pobre mujer, indefensa, que ya está perdiendo la vista…

ATENEA: Corta el rollo. *(Se oyen ruidos fuera.)* ¿Qué jaleo es ese? *(Entran Poseidón, Hesfesto, Afrodita y Deméter.)*

POSEIDÓN: ¡Hermanos! Exijo justicia. Merezco ser tratado con más consideración.

HEFESTO: ¡Qué vergüenza!

DEMÉTER: Esto es una locura

HEFESTO: Me parece deleznable.

POSEIDÓN: Y que lo digas.

HEFESTO: Ahora sí que he descubierto la infidelidad de mi esposa con Ares.

POSEIDÓN: ¡No! Me refiero al hecho de que no nos dejen salir del Olimpo.

HEFESTO: Y lo de mi mujer, también.

AFRODITA: Amor mío. ¿Cómo iba a pensar que nos pillarías?

HEFESTO: Seré el hazmerreír de los dioses.

HERA: Ya lo eres.

POSEIDÓN: He de marcharme. O quitáis a los de los cien brazos de la puerta, o juro que destruiré con un terremoto, seguido de un maremoto, este lugar.

HÉCATE: Puedo lanzar un hechizo abrepuertas y mata-gigantes. Es fácil. Solo necesito malquisto, perdu-gueras, desclaviros y boturantes. Están en el Jardín de las Hespérides. ¿Algún voluntario?

HEFESTO: ¡Si no podemos salir!

HERA: Hazlo tú, que te manifiestas donde quieres.

HÉCATE: Me tienen que convocar. No es tan fácil.

ATENEA: ¡Silencio! ¿Dónde están los demás?

AFRODITA: Supongo que dando vueltas por el palacio y buscando una salida.

ATENEA: Tendremos que curar a Zeus, convencerle de que nos abra y que se haga la luz. *(Se oscurece la escena.)*

HÉCATE: ¡Ay! ¡Qué susto! No me lo esperaba. Me vais a matar de un infarto.

SÓCRATES: ¿Qué es esto? ¿Estoy ciego?

TÁNATO: *(Entrando.)* Dioses, diosas, mortal que no te conozco: Erató, la musa de la poesía, ha muerto.

SÓCRATES: Oh, dioses. Que muera la poesía es la peor noticia que podemos recibir. Ya no habrá atardeceres cálidos, abrazos misteriosos, luces que agonizan, amores azules ni infancia evocada.

TÁNATO: ¡Qué bonito! Pues sí. Fin. Se acabó con tanta rima consonante, asonante y verso libre.

ASCLEPIO: Estoy muy triste. Ojalá tuviera un gallo.

TÁNATO: ¿Un gallo?

ATENEA: No preguntes.

HADES: Solo quedan dos musas.

HERA: ¡Solo dos!

ATENEA: No queremos morir.

SÓCRATES: No lo haréis. Mientras esté yo aquí... *(Se queda paralizado.)*

HERA: ¿Qué le pasa ahora a este?

ATENEA: Una crisis de ausencia. Ya sabía de ellas. Le pasó una vez en plena batalla. Estuvo todo un día de pie, solo, hasta que se recuperó y volvió a la tienda de campaña sin recordar nada.

HADES: Es todo un regalito.

AFRODITA: ¿Y ahora qué hacemos?

ATENEA: Nada. Hasta dentro de un rato no se despertará. Voy a buscarle algo de comer. *(Sale.)*

ASCLEPIO: Si necesitáis mi ayuda, ofrecedme un gallo. *(Sale).*

HERA: Vamos de mal en peor. El que nos tiene que ayudar, necesita ser ayudado. Vámonos. *(Salen todos menos Sócrates, el Daimon, que también está paralizado, y Hécate.)*

HÉCATE: Vamos, Sócrates. ¿Creías que me ibas a vencer? Ahora ¿quién es la más poderosa, ¿eh? No puedes oírme, pero te digo que te estás acercando más de la cuenta, y que debes tener mucho cuidado. Esta musa ha sido asesinada, pero la anterior no. Se suicidó. Esta es la clave de todo el enigma. *(Pausa.)* Pero ¿qué hago hablando con una estatua viviente? Estoy loca. En fin, me marcho. Voy a dar un paseo. *(Sale. Se mueve el Daimon. Se inclina al oído de Sócrates y le cuenta lo que ha escuchado de boca de Hécate.)*

Sócrates: *(Sin moverse.)* ¡Hija de su madre!... ¡Suicidio!... ¡No la asesinaron!... ¿Por qué?... Muéveme... Llévame a mi habitación... No me llames viejo chocho… Lo sé..., lo sé…, estoy un poco perdido... Solo sé que no sé nada.

(TELÓN)

ACTO TERCERO

*(Música de apertura. La misma sala. Sentados
están Apolo, Eros, Atenea, Artemisa, Hera, Poseidón, Hades, Hestia, Dioniso, Afrodita y Ares. Están cansados y aburridos por el obligado encierro.)*

HESTIA: ¿Queréis algo de comer? ¿No hace mucho calor aquí?

POSEIDÓN: Me parece asombroso que sigamos aquí encerrados. ¿Es que no somos dioses?

HADES: Somos prisioneros. Prisioneros del hastío, del
asco, del aburrimiento. ¡No puedo más!

HESTIA: Entonces, ¿traigo algo?

DIONISO: Un poco de vino.

HESTIA: No tenemos, te lo he dicho millones de veces.
Solo ambrosía.

DIONISO: Entonces ambrosía.

HESTIA: De acuerdo.

DIONISO: Con un chorrito de vino.

EROS: ¡Basta! Siempre con la misma bromita. Venga a
repetirla y venga a repetirla. Algún día te romperé
una silla en la cabeza. Lo juro.

DIONISO: ¡Pues vaya con el dios del amor!

Eros: Soy el dios del deseo, imbécil. Y ahora deseo ¡matarte!

Dioniso: ¡Brindo por eso!

Hades: Y así todos los días.

Hestia: Bueno, pues como no os decidís, os traeré unas jarras de sabrosa ambrosía. *(Sale).*

Dioniso: Y un poco de vino.

Eros: Lo mato. Lo mato.

Ares: ¿Matar? ¿A quién hay que matar?

Afrodita: A nadie, musculito mío. Tú, tranquilo. Sigue abanicándome, anda.

Apolo: ¿Os habéis fijado en que cada vez hay menos luz? ¿Será que me estoy quedando ciego?

Hades: La falta de sexo. Estás muy falto.

Apolo: No creo, aunque también. Parece como si Érebo y Nyx, la oscuridad y la noche, camparan a sus anchas.

Atenea: Lo que campa a sus anchas es tu ignorancia. Tanto Érebo como Nyx son entes primordiales. No son como nosotros. Están por encima de los dioses. Existían antes de que ni tú ni yo fuéramos concebidos.

Artemisa: ¿Como los abuelos Cronos y Rea?

Atenea: Incluso ellos fueron creados mucho después. Imagínate lo poderosos que son.

Apolo: Yo lo único que sé es que no se ve una mierda.

Hestia: *(Entrando con Ganímedes.)* Aquí tenéis unas bebidas para que os refresquéis.

Dioniso: ¿Qué son?

EROS: ¡Ambrosía! ¡Ambrosía! ¡Ambrosía!

DIONISO: Te noto muy alterado. Será el calor. ¿Deseas un poco de airecito? Eolo es muy amigo mío.

EROS: Y no para, y no para, y no para. ¡Yo lo mato!

POSEIDÓN: Si os vais a matar id a otro recinto, por favor.

HADES: Atenea, ¿dónde está tu hombrecito ateniense?

ATENEA: Dormido seguramente.

HADES: Veo entonces que va haciendo progresos en la investigación.

ATENEA: No uses el sarcasmo conmigo. Ya sabes, porque lo has visto, que no ha parado de ir de un lado para otro, interrogándonos y buscando pruebas.

POSEIDÓN: Es un pesado de tomo y lomo.

APOLO: A mí me tiene frito.

ATENEA: Es su manera de actuar. Cuando estaba en Atenas, siempre se le veía en el Ágora preguntando a cualquiera que pasara por allí. Obligaba a las personas a deducir ellas mismas las respuestas a las grandes preguntas que se hacen los mortales. ¿Qué es el Bien? ¿Qué es la Justicia? ¿Quiénes somos? ¿A dónde vamos? ¿Qué es el Amor?

DIONISO: Es el chaval este *(Señalando a Eros)*.

EROS: No verás la llegada de Helios, te lo aseguro.

POSEIDÓN: Háblanos un poco de él.

ARTEMISA: ¡Qué aburrimiento! ¡Con lo a gusto que estaría yo cazando por ahí!

POSEIDÓN: Niña, si tenemos que estar encerrados, por lo menos oigamos historias entretenidas.

ATENEA: Sócrates es todo un personaje. Su padre era escultor y su madre partera, por lo que no tenía mucho dinero y tuvo que aprender el oficio de su padre, aunque no se le daba nada bien. A él lo que le gustaba era pensar. Así que asistió a todas las clases, debates y reuniones de los grandes científicos y pensadores que visitaban la ciudad, y con la poca herencia que poseía, invertida en un banco de un amigo, que le daba un alto interés, se dio cuenta de que tenía mucho tiempo libre. Y así comenzó a charlar, hacer amigos, enemigos, tener discípulos. Ahora todo el mundo le conoce en Atenas.

ARTEMISA: ¿Es verdad que nunca ha salido de allí?

ATENEA: Exceptuando este viaje al Olimpo y a tres batallas en las que luchó, así es. Sócrates no es nada sin Atenas. Se identifica totalmente con su ciudad natal.

APOLO: Y tú con él. Sois como dos ovejitas, cabeza con cabeza, siempre juntos.

HESTIA: Las malas lenguas dicen que no cree en nosotros. Que es un..., ¿cómo se dice en la lengua de los romanos?

DIONISO: Borracho.

HADES: No, ateo. Un ateo.

HESTIA: Eso. ¿Es verdad?

ATENEA: No sé. Habrá que preguntárselo a él. Por lo que vimos a su llegada, nos adora.

APOLO: Eres muy lista, Atenea. ¡Cómo se nota que saliste de la cabeza de papá Zeus!

ATENEA: *(Ríe.)* ¡Cómo voy a salir de la cabeza! Esos son

cuentos inventados por los atenienses para darme importancia. No hagáis caso.

APOLO: Pues también cuentan que saliste armada. Como vas ahora. ¡Qué daño! ¡Pobre padre! ¡Lo que le tuvo que doler!

ATENEA: Que ya te he dicho que no…, déjalo.

APOLO: Es que te imagino abriéndote paso. ¡Pam! ¡Pam!, abre cráneo, ¡Plas! ¡Plas! Venga chorros de sangre... ¡Oh! ¡Ah!

ARTEMISA: Ya, ya. Descansa hermanito. Descansa que creo que la ambrosía no te ha sentado nada bien.

APOLO: Si no la he probado.

ERIS: *(Entrando.)* ¡Hola! ¿Qué hacéis?

HADES: Atenea nos está instruyendo, Hestia nos está fastidiando, Eros aburriendo, Poseidón cabreando, Dioniso avergonzando, Afrodita y Ares, nada porque están a su rollo, y Apolo y Artemisa, asombrándonos a pesar de ser imbéciles. Una diversión, ¡vaya! ¿No nos tiras tu manzana dorada?

ERIS: Es verdad. Disculpadme. Es tanto el hastío que siento que no me quedan fuerzas ni para meteros en discordias. Aquí la tenéis. *(Arroja la manzana al suelo).*

AFRODITA: ¡Ay, qué susto! Tírala más lejos. Has estado a punto de darme a mí.

EROS: ¿Te has hecho daño?

AFRODITA: No, hijo. Estoy bien.

ATENEA: ¿Hijo? ¿Es tu hijo?

AFRODITA: Sí, claro.

ATENEA: Anda, ahora se explica todo.

EROS: ¿El qué? ¿De qué hablas?

ATENEA: Siempre protegiéndola, siempre ocultándola. Eres un dios menor, un diosito.

EROS: ¡Mira tú! Por lo menos soy fruto del amor, no como tú. Además, de tanto estar con esos atenienses hueles a olivo y a queso. ¡Qué asco!

AFRODITA: Eso.

ARES: ¿Pelea?

ATENEA: *(A Afrodita.)* Tú cállate, anda, que estás más guapa calladita.

HESTIA: ¿Queréis queso para comer?

HADES: No, Hestia. Vuelve al hogar a oler incienso.

DIONISO: ¿No oís ese alarido?

HEFESTO: *(Entra gritando con una red que lanza sobre Afrodita y Ares.)* ¡Os pillé! ¡Estáis liados! Afrodita, zorra, ¡me estás engañando con Ares!

POSEIDÓN: Vaya una cosa, eso lo sabe todo el Olimpo. Incluso tú. No te hagas el nuevo.

HEFESTO: Lo sospechaba, pero Hermes entró a mi fragua y me lo contó todo.

AFRODITA: Venga, amor, ya está bien con la bromita. Quítanos esta red.

HEFESTO: ¡No! *(Ríe.)* Estáis atrapados para siempre. Esta red es muy poderosa. No os podréis desprender de ella nunca. Nunca. Así seréis la vergüenza de todo el universo.

AFRODITA: *(Levantándose.)* Vaya una cosa. A estas alturas de la historia, ¿avergonzarme yo? Me río de ti, de esta red, de los dioses, y de todo el Olimpo. Vámonos Ares a un lugar más íntimo.

HEFESTO: Pero, pero, amor mío. ¿A dónde vas? No te vayas. No me dejes. Si era una broma. Te quito la red, de verdad. ¡Afrodita! ¡Perdóname! ¿Os hace un trío? ¡Afrodita! *(Se van Afrodita, Ares y Hefesto.)*

DIONISO: *(Ríe)* ¡Brindo por el amor!

HADES: Basta, Eris. Recoge la manzana. Se acabó la diversión.

CRONOS: *(Entrando con Rea.)* Es cierto, se acabó.

REA: El recreo ha terminado, niños.

ARTEMISA: ¡Abuelo! ¡Abuela!

HADES: Los que faltaban.

CRONOS: No me llamo abuelo. Soy Cronos, el supremo, el titán que engendró a los dioses.

REA: Y yo tampoco soy abuela. Soy Rea, la suprema, la titánide que parió a tu padre y a algunos más.

HESTIA: Mamá, papá. ¿Qué hacéis aquí?

REA: Hija, oímos vuestros gritos de socorro. Y acudimos sin demora para ver qué le ocurría a nuestra queridísima familia.

CRONOS: Cierto. Es tanto el amor que sentimos por vosotros, que ni dudamos en dejar nuestro lugar de retiro en las Islas Afortunadas para ayudaros.

APOLO: ¿Pues no me estoy emocionando?

CRONOS: Y decidnos, queridísimos hijos y nietos, ¿qué tripa se os ha roto?

REA: Como sea una tontería, nos vamos a enfadar un poquito. Y no querréis presenciarlo, ¿verdad?

HADES: No creo que ninguno de los aquí presentes haya tenido la imprudencia o la osadía de avisaros. Puede ser que haya habido una pequeña confusión.

REA: Cronos, dice el sombrío de tu hijo Hades, que puede que haya habido una pequeña confusión.

CRONOS: Eso acabo de oír, querida Rea.

REA: Tú y tú y tú. *(A Hestia, Poseidón y Hades.)* ¿Sabéis lo que tuve que sufrir para pariros?

POSEIDÓN: Ya estamos.

CRONOS: Escúchala o te vuelvo a devorar, pececito.

REA: Uno a uno, os parí con dolor. Con mucho dolor. Y cada vez que lo hacía, vuestro padre aquí presente, os devoraba.

CRONOS: Tuve una mala época.

REA: Primero Hestia, luego Deméter, después Hera, tras ella Hades, y al final Poseidón.

CRONOS: Si lo dices así de seguido, suena más tremendo de lo que fue.

REA: Y como ya estaba hasta el mismísimo de parir y no poder ni siquiera disfrutar en condiciones de uno de mis retoños, decidí que el último me lo guardaría.

CRONOS: Fue muy lista. Escuchadla.

APOLO: Pero abu…, digo, Cronos, si ya conocemos la historia.

CRONOS: Que la escuchéis os digo, que tengo muy mal carácter y puedo hacer lo mismo que hice con los hijos, con los nietos. ¡Mucho cuidado conmigo!

APOLO: Vale, vale. No veas cómo te pones.

REA: Nació Zeus, vuestro hermano, el peque. Y en lugar de dárselo al bruto este, le ofrecí en su lugar una piedra envuelta en una manta. Y se la comió sin pensarlo.

CRONOS: ¡Qué mala noche pasé! ¡Unos ardores!

REA: El niño creció sano en Creta, una isla muy bonita, amamantado por la cabra Amaltea. Y cuando se hizo adulto y muy fuerte, retó a Cronos a una pelea a cuchillo, y ganó.

CRONOS: Me ganó, sí, pero es porque me cogió desprevenido.

REA: Le obligó a beber un brebaje, y ¿a qué no sabéis qué?

CRONOS: No me lo recuerdes, por favor.

REA: Vomitó a todos sus hermanos, a vosotros.

HADES: ¡Qué bonito!

APOLO: Y educativo.

REA: Y por orden inverso, primero Poseidón, luego tú… *(a Hades.)*

POSEIDÓN: Ahórranos los detalles, por favor.

REA: ¿Y cómo nos agradecéis que os ayudáramos? Nos exiliáis a unas islas de occidente, que por cierto no se vive nada mal, y reináis en nuestro lugar.

CRONOS: Eso, ingratos.

ATENEA: Perdonadme que me inmiscuya en vuestro relato que conocemos ya de sobra, pero ¿no es lo mismo que hicisteis vosotros dos con Urano?

REA: ¡Niña! ¡Calla! No se habla así a los abuelos.

CRONOS: Déjala, esposa. Tiene razón la insolente de

tu nieta. Es cierto que, cuando era joven, tuve que someter a mi padre.

ATENEA: Más bien castrar.

CRONOS: Eran otros tiempos. Urano era un tirano. Tenía sometida a nuestra madre Gea. Todas las noches la poseía y nacían monstruos a cual más feo y horrible, como los de los cien brazos que están en la puerta. Así que no tuve más remedio que, con ayuda de mi madre, y una hoz de adamantio, cortar por lo sano, o por los huevos mejor dicho.

APOLO: Ay, dioses. Me duele con solo pensarlo.

CRONOS: Si no lo hubiera hecho, los titanes, nosotros y nuestros hermanos y hermanas, no hubiéramos sobrevivido, y vosotros no estaríais aquí.

APOLO: Podías haber elegido otro método menos cruel.

CRONOS: Claro, matarlo a indirectas. ¿No te fastidia?

REA: Ahora decidnos. ¿Dónde está Zeus? ¿Por qué estamos aquí?

HESTIA: Se encuentra descansando, madre. Tiene una mala racha.

REA: Pues hasta que no nos reciba como es debido, nos retiramos. Ya que estamos aquí podemos hacer turismo por el Olimpo. Me han recomendado que no nos perdamos el ocaso.

CRONOS: Es verdad, «el ocaso del Olimpo» le llaman. Es como si todo se apagara de repente y hubiera un nuevo amanecer: el de los titanes. ¿Vamos a verlo?

REA: Vamos. Adiós, hijos del vómito y de la ingratitud. Os deseo un final poco doloroso.

CRONOS: Adiós. Puede que sea la última vez que nos veamos. Hasta nunca. *(Salen.)*

APOLO: Se me ha puesto mal cuerpo de tanto escuchar de castraciones y de vómitos. Me retiro a mis aposentos. ¿Vienes, hermana?

ARTEMISA: Sí, espérame. *(Salen los dos.)*

SÓCRATES: *(Entrando.)* ¡Eh! ¿A dónde van estos dos? Tengo que hacerles muchas preguntas.

POSEIDÓN: No paras de hacerlas. A todos. Se nos está acabando la paciencia. ¿Has averiguado algo?

SÓCRATES: Sócrates está concentrado. Sócrates sigue la pista. Como un sabueso conseguirá la pieza muy pronto.

HADES: Antes hablaba con un fantasma, ahora a sí mismo. ¿Qué será lo próximo?

SÓCRATES: No entiendo qué le habrá ocurrido a mi Daimon. No lo encuentro. En fin, tendré que tomar las decisiones yo mismo.

EROS: Vaya. ¡Qué fastidio!

SÓCRATES: Pero ya que no poseo la ayuda de mi Daimon, me he visto en la necesidad de tomar un ayudante.

ASCLEPIO: *(Entrando con Hipno.)* Aquí estoy, Sócrates. Y traigo conmigo al somnífero.

SÓCRATES: El somnífero no. Es el dios que hipnotiza. Amigos, os presento a Hipno.

HIPNO: Saludos a todos. Miradme fíjamente. Cuando diga tres me diréis «Saludos, ¡oh dios todopoderoso Hipno!». Uno, dos y tres.

Todos: ¡Saludos, oh, dios todopoderoso Hipno!

Hipno: Cuando diga tres os inclinaréis ante mí y besaréis mis sandalias uno a uno. Uno, dos.

Sócrates: No, no, por favor. Reserva tus trucos para otros habitantes del Olimpo. Quiero que actúes como un mecanismo de la verdad. Tengo que hacer unas últimas indagaciones antes de solucionar el misterio.

Hipno: Vale. Estoy preparado.

Sócrates: Faltan algunos dioses, pero me conformo con los que estáis

Hera: *(Entrando.)* ¿Qué ocurre aquí? ¿Dónde está el resto? ¿Qué hacen aquí el griego, el preparado y este nuevo que me suena a otro de los estúpidos olímpicos?

Hipno: Soy Hipno. Cuando cuente tres me comerás los…

Sócrates: ¡Basta! ¡Seamos serios, por favor!. Bienvenida Hera. Pasa y siéntate. Tengo que haceros unas últimas preguntas. Sentaos también vosotros. Vamos.

Asclepio: Yo soy tu ayudante. No me siento, ¿verdad?

Sócrates: No. Tú a mi lado. Bien, bien, bien. Está claro el motivo de las muertes de las pobres musas: conseguir el poder que posee ahora Zeus. El arma del crimen aún no lo sabemos, pero estoy sobre la pista. Calíope y Erató fueron muertas mientras estábamos encerrados aquí en el Olimpo, con lo que tuvo que ser obligatoriamente uno de vosotros.

Eros: O una.

ASCLEPIO: Silencio. El maestro está trabajando. Sigue.

SÓCRATES: O una, claro está. Empezaré por ti, Eros. No querías que se descubriera que eras hijo de Afrodita, ¿por qué?

EROS: Porque no lo soy. Esa diosa está bajo el efecto de las hierbas. En realidad soy muy antiguo, de la estirpe de los primigenios, lo que ocurre es que me quedé atrapado en esta realidad bajo la forma de un jovencito.

HIPNO: Dice… la verdad.

SÓCRATES: ¿Entonces qué hacías en el Olimpo? No necesitas el poder. Ya eres muy superior a todos estos.

EROS: Me aburría. Aquí hay más diversión.

ASCLEPIO: Y que lo digas.

SÓCRATES: Está bien. Te creo. Y ahora tú, Dioniso. ¿Dioniso?

ASCLEPIO: Se ha dormido.

HIPNO: Dice… la verdad.

SÓCRATES: Despiértalo.

HIPNO: Cuando cuente hasta tres te despertarás y serás sincero con Sócrates. Uno, dos y tres.

DIONISO: ¿Eh? ¿Qué ocurre?

SÓCRATES: ¿Tienes algo que ver con el asesinato de las musas?

DIONISO: ¡Oh, furias! ¡Soy culpable de mis actos! ¡Yo maté a mi padre! ¡Y me casé con mi madre! ¡Oh! Me arrancaré los ojos e iré a Tebas como un mendigo, y todos me maldecirán.

SÓCRATES: ¿Cómo?

ATENEA: Ahora es Edipo. Como inventó el teatro, se cree con la capacidad única de actuar. No le hagáis caso.

DIONISO: ¡Yo te maldigo, Teseo! ¡Mataré a tus hijos! Mira como lo hago... ¡toma!, ¡toma!, ¡toma!

ATENEA: Y ahora, Medea.

SÓCRATES: Hipno, por favor.

HIPNO: Cuando diga tres, te volverás a dormir plácidamente. Uno, dos y tres. Ya está.

SÓCRATES: Gracias. Hera, esposa de Zeus. Tú eres la más interesada en acabar con él y reinar en su lugar.

HERA: Claro, no tengo otra cosa que hacer.

SÓCRATES: Tú eres la que tuvo y tiene la oportunidad. Sabías que el poder de Zeus estaba en las musas.

HERA: No, no lo sabía. Me enteré como todos, en la asamblea.

HIPNO: Cuando cuente tres...

HERA: Ni se te ocurra acercarte. Te fulminaré con solo levantar un dedo. Estoy diciendo la verdad, y no tengo ninguna obligación de decírtela, pero es así. Créeme o no, no me importa en absoluto.

SÓCRATES: Está bien, está bien. Pasemos a Poseidón. Otro que junto a Hera bien podía tener la fuerza y la voluntad de reinar en lugar de Zeus. ¿No es así?

POSEIDÓN: No es mi estilo matar musas para conseguir mis propósitos. Si hubiera querido, habría levantado a todas mis criaturas marinas, y habría provocado una gran guerra, más grande que las antiguas, para derrocar a mi hermano.

SÓCRATES: ¿Hipno?

HIPNO: Cuando diga tres, dirás la verdad. Uno.

POSEIDÓN: Ni se te ocurra.

HIPNO: Dos.

POSEIDÓN: Me río. No podrás doblegarme.

HIPNO: Y tres.

POSEIDÓN: Siempre he querido matar a Zeus. Lo odio. Pero es mucho más fuerte que yo, y temo que me destruya. He de acumular más poder para que algún día pueda echarlo del Olimpo. ¡Qué buena idea lo de las musas! ¡Si se me hubiera ocurrido a mí!

SÓCRATES: Suficiente.

POSEIDÓN: Creo que estoy perdiendo vigor sexual. Últimamente no se me levanta como antes. Tendré que pedirle a Hécate que me prepare algo.

SÓCRATES: ¡Hipno!

HIPNO: ¡Despierta!

POSEIDÓN: ¿Qué ha ocurrido?

HADES: Has intentado elevarte, hermano mío. Pero te has vuelto impotente de repente *(todos ríen)*.

SÓCRATES: ¿Eris?

ERIS: ¿Qué ocurre conmigo?

SÓCRATES: Si hay alguien en el Olimpo que más se beneficia del caos, esa eres tú. ¿Sabes algo del asesinato de las musas?

ERIS: Ni idea. ¿Y tú? ¿Sabes algo?

SÓCRATES: ¿Yo? Pues la verdad es que solo sé que no sé nada. ¡Eh! Un momento. Yo soy el que pregunta.

ERIS: *(A Atenea.)* Vaya ayuda que nos has traído, guapa. ¿Por qué no la interrogas a ella? ¿Eh? ¿No te atreves? Claro, como protege a tu querida Atenas, temes que caiga alguna maldición. ¿No es así?

ASCLEPIO: Algo de razón tiene.

ATENEA: *(A Eris.)* Guárdate la manzana en la madriguera.

HIPNO: ¿La duermo?

SÓCRATES: No, no. A Atenea la interrogaré después. No líes, Eris. Te he hecho una simple pregunta. ¿Sabes algo de lo que les pasó a las musas?

ERIS: Nada bueno, eso seguro.

ASCLEPIO: Es dura de roer, Sócrates. ¿Aplico la mano dura?

ERIS: Anda y no me hagas reír.

SÓCRATES: No. No te preocupes, Asclepio. Ya volveremos a ella. ¿Hades?

HADES: ¿Qué pasa?

SÓCRATES: ¿Dónde estabas cuando murió Calíope?

HADES: *(Irónico.)* ¿En el Olimpo?

SÓCRATES: Digo que, en qué lugar.

HADES: En mis habitaciones, junto a Artemisa.

SÓCRATES: ¿Y cuando asesinaron a Erató?

HADES: A tu lado. ¿Ya no te acuerdas?

SÓCRATES: Me va fallando la memoria. Puede que no fueras tú. Solo una imagen. A veces tengo la impresión de que la realidad no existe, solo vemos sombras de la verdad.

ASCLEPIO: Si me ofreces un gallo, te curaré.

SÓCRATES: Lo haré, amigo Asclepio, lo haré cuando llegue el momento.

ASCLEPIO: Un gallo es el animal más maravilloso. ¿Te lo he dicho alguna vez?

HADES: ¡¡Sí!! Todos lo hemos escuchado más veces de lo que lo puede soportar un dios.

SÓCRATES: Te desesperas muy rápido. Eres muy vivo de genio, Hades. ¿Qué es la Violencia?

HADES: La que voy a emplear contigo, mortal. Me da igual que seas el más listo de toda Grecia. Aunque lo fueras del mundo entero, te odio, ¿te enteras? Me caes muy mal.

SÓCRATES: ¡Ahá! Por tus maneras, deduzco que puedes emplear la violencia para conseguir tus propósitos. ¿Dónde están las primeras cinco musas? ¿También las has matado?

HADES: ¿También? ¡Que yo no he matado a nadie!

HIPNO: Cuando cuente tres, matarás al primero que quieras. Uno, dos…

TÁNATO: *(Entrando. La escena se oscurece.)* Y tres. Aquí nadie mata sin mi consentimiento. Hola, Asclepio, amigo. Y hola a todos los demás.

SÓCRATES: Saludos. ¿Anuncias la muerte de alguno de nosotros?

TÁNATO: ¿Estás muerto? ¿Y tú? Tampoco tú, ¿verdad? Pues eso, no es nadie aquí presente.

ATENEA: ¿Entonces?

TÁNATO: ¿A que no lo adivináis? ¿No? Venga, os doy una pista. Empieza por *m* y termina por *a*. Mu-s… ¡Musa! Sí, otra más de las musas. Y ya van ocho. Ahora es Terpsícore, la de la danza. ¡Qué fastidio! ¡Con lo que me gusta bailar!

Hera: ¡Ya basta! ¡Es suficiente! ¡Se han colmado todos los vasos! Pido. No, pido no. Exijo, Sócrates de Atenas, el llamado por el oráculo de Delfos, el más sabio de toda Grecia, que nos digas quién, cómo y el por qué de estos asesinatos. Por el bien del Olimpo y del orden en el Universo. ¡Vamos! Si no lo haces, te devolveremos a la cárcel de donde te sacó Atenea, para que se cumpla tu sentencia de muerte ¡Venga! ¿Por qué callas?

Atenea: Déjale, Hera.

Hera: No, no le dejo. Estoy harta. Y todos estamos igual. No os calléis. Zeus se debilita por momentos. Quizás ahora esté agonizando, y en vez de saber quién va a provocar nuestra caída, estamos en un callejón sin salida. Y este hombrecito ni habla.

Sócrates: No hablo porque ya lo estás diciendo tú muy bien. Te has expresado con claridad. Por fin has dado a luz. Soy como era mi madre, la comadrona. Dejo que la verdad se abra paso. Solo ayudo a que encuentre su camino.

Hera: ¿Qué estás diciendo?

Sócrates: Sé quién lo hizo. Solo sé que lo sé todo.

Tánato: ¡Toma ya! Me quedaría para el final, pero una guerra terrible me reclama. Lo siento. Después me lo contáis. Adiós. *(Sale.)*

Sócrates: Llamad a todos, por favor. Hoy conoceréis un poder más profundo y grande que el de los dioses. Se llama Razón.

Hipno: Los avisaré.

ASCLEPIO: No los enumeres que se dormirán.

HIPNO: Descuida *(Sale.)*

ATENEA: ¿Cómo has llegado a la solución tan de repente? ¿Solo interrogándonos?

SÓCRATES: Tenía alguna duda pero vuestras respuestas, sumado a lo que ya sabía anteriormente, me han conducido a la verdad.

POSEIDÓN: ¿No habré dicho algo que me comprometa? Que conste que estaba bajo el influjo de Hipno.

EROS: No te preocupes. Nada de lo que avergonzarse.

DIONISO: *(Despertándose.)* ¿Qué ha pasado? ¿Por qué mi copa está vacía? *(Entran Hermes, Apolo, Ares, Artemisa, Hécate, Hefesto, Afrodita, Deméter y Ganímedes.)*

HEFESTO: *(A Hécate.)* ¿Por qué lo hiciste? ¿Por qué deshiciste el hechizo de la red? Míralos ahora qué felices van, riéndose en mi cara.

HÉCATE: Ay, déjame, cojitranco. Lo hice por lo que hago la mayoría de mi magia: por oro. Con el oro puedo realizar hechizos más poderosos. Lo siento, pero me debo a mi reputación de bruja. Aunque no lo soy. Soy solo una humilde diosa oscura. ¡Uy! ¡Cuánta gente reunida! ¿Qué se celebra?

ATENEA: Según nuestro invitado Sócrates, se va a desvelar toda la verdad.

ASCLEPIO: Vamos, sentaos. Sentaos. El maestro entre los maestros os va a deleitar con un discurso de acusación. Muy atentos. Chss, que comienza. ¡Silencio!

HESTIA: Antes, ya que estamos todos, quiero daros las

gracias por este tiempo en que he sido honrada, como diosa del hogar que soy, por ser tan buenos invitados. Quería que lo supiérais.

Hera: Gracias, hermana. Ahora siéntate como todos.

Hestia: No. Os voy a invitar por última vez, ya que creo que no nos veremos en otra igual en mucho tiempo, a una bebida muy especial.

Eros: No me lo digas: ambrosía.

Hestia: Pues no, listo. Es una bebida nueva que me han obsequiado por ser diosa protectora del hogar y de la hospitalidad. Ganímedes, guapo, ayúdame. *(Reparten copas.)*

Artemisa: ¿Podemos empezar?

Sócrates: Claro que sí, diosa suprema de la caza. Puedo empezar. Desde el principio, cuando llegué al Olimpo, tenía muy claro que hay aquí una lucha de poder latente desde hace generaciones. Cronos contra Urano, Zeus contra Cronos. Los titanes contra Zeus, Zeus contra los gigantes, y así hasta que llegó la paz no hace mucho con la entronización del dios del rayo que desgraciadamente está ausente. Como bien escuchamos todos de boca de Eris, el poderoso Zeus volcó toda su esencia en sus hijas, las nueve musas. Si se les hacía algún tipo de daño, o si se les destruía, el padre de todos los dioses también moriría y, con él, todo el sistema olímpico. Todos lo supimos, con lo que todos conocimos la forma de acabar con Zeus. Pero ¿cómo? ¿Cómo se mata a un ser inmortal como una musa?

ASCLEPIO: Con veneno. Tú mismo lo dijiste.

SÓCRATES: Efectivamente. Con veneno. Un veneno que solo puede fabricar en el Olimpo un ser que conoce todas las hierbas y fórmulas para hacer un brebaje que aniquile el icor que corre por las venas de un inmortal. Ese ser, esa diosa, es Hécate.

HÉCATE: Claro que sí. Solo yo puedo hacerlo. Pero yo no maté a esas pobres muchachas. Fue el veneno. Bueno, fue el veneno que usó alguien que no era yo. ¿Me entendéis?

ATENEA: Claro como el agua.

HÉCATE: No fui yo. Lo juro por Nyx y por Érebo.

SÓCRATES: Por supuesto que no fuiste tú. Pero alguien te encargó ese veneno.

HÉCATE: Fue a través de visiones. Se me aparecía un ente que me ordenaba preparar varias dosis de veneno, y luego me decía dónde dejarlas. Yo obedecía porque me amenazaba de muerte si hablaba.

SÓCRATES: En esas visiones ¿se distinguía la forma de alguien?

HÉCATE: No.

SÓCRATES: Está bien. Sigamos. Ya está claro que la forma de matarlas fue con veneno. ¿Cómo se les hizo llegar? Ya llegaremos a eso. El caso es que fueron muriendo, y Zeus se fue debilitando. Tanto que con esta última muerte ya no puede ni moverse de su lecho.

HERA: Pobre mío.

SÓCRATES: No tan pobre. Zeus es tan culpable de su

pérdida de poder como el asesino o asesina. Su comportamiento deleznable, sus traiciones, su comportamiento más de sátiro que de dios, le han granjeado muchísimos enemigos, incluso dentro de su familia.

HADES: No es para tanto. Yo lo quiero a mi manera.

SÓCRATES: Todos tenéis vuestras motivaciones. Todos. La mayoría, por ambición, pero algunos por venganza. ¿No es así, Dioniso?

DIONISO: ¿Yo? ¿Por qué?

SÓCRATES: Hermes te quitó el sitio entre los Olímpicos.

HERMES: A mí no me metas. Fue Zeus el que lo decidió.

SÓCRATES: O tú, Atenea. Diosa de la guerra y de la sabiduría, pero relegada a gobernar una sola ciudad en vez de todo el Universo. Tú no te merecías esto. O tú, Deméter. Harta de denunciar el rapto de tu hija, Zeus no movió un dedo y dejó que Hades pusiera a tu hija Perséfone como reina del Inframundo.

DEMÉTER: Así es. Porque no me enteré antes de lo de las musas, que si no, hubiera sido la primera en matarlas. Pero no de una en una, sino del tirón.

SÓCRATES: ¿Y qué me dices de ti, Artemisa? Te estás quedando sin amigas que te acompañen. Si no es tu hermano Apolo es tu padre Zeus, quien no para de perseguirlas.

ARTEMISA: Estoy harta de tanto depravado. Cualquier día cojo la hoz del abuelo y me harto de castrar a diestro y siniestro. Ya lo creo.

SÓCRATES: O tú, Apolo, el dios perfecto. El dios más poderoso después de Zeus. O quizás su igual. No lo sé.

APOLO: ¿A qué tanta adulación?

SÓCRATES: Tú eres mi dios favorito, Apolo. Al igual que Atenea, encarnáis lo más sublime y a lo que aspira cualquier humano como yo. La perfección del cuerpo y la perfección de la razón.

APOLO: Algo buscas, humano. ¿Qué es?

SÓCRATES: Nada, solo conocer. Me he estado informando sobre tu vida. Eran solo leyendas, pero sé que tu madre, vuestra madre, Leto, sufrió mucho a causa de Zeus. Fue perseguida por Hera de una manera cruel.

HERA: Y lo volvería a hacer. ¿Pasa algo?

SÓCRATES: La protegisteis con vuestras flechas de todo acosador y asesino. Implorasteis ayuda a vuestro padre Zeus, pero él os ignoró. Solo os compensó años más tarde dándoos un sitio en el Olimpo, pero eso no pagaba tantos años de sufrimiento.

ARTEMISA: Sí, lo odiamos. Pero no significa que seamos unos asesinos.

APOLO: Calla, hermana. Este hombre está loco. Nos quiere perder.

SÓCRATES: Yo os voy a decir lo que pasó. Apolo, por venganza y por ambición, quiere ser el jefe del Olimpo, pero no sabe cómo lograrlo. Consulta una y otra vez al Oráculo de Delfos, y este, bajo amenazas, le revela que las nueve musas son la clave.

Intenta seducir y apoderarse de ellas, pero solo lo consigue con cuatro: Calíope, Erató, Terpsícore y Urania. Las otras cinco huyen, y supuestamente mueren, ya que Hades nos corroboró que están en su reino. Calíope, la de la bella voz, se entera de que Apolo le es infiel con sus hermanas, y se suicida. Sí, se suicida. Luego ocurrió la gran revelación: la asamblea en que todos os enterasteis, incluido Apolo, de que si morían las musas, Zeus lo haría con ellas. Ya habían caído seis, solo faltaban tres para la gloria. Apolo, a partir de ahora, no tendrá misericordia, y va matando a cada una de ellas, primero Erató y después Terpsícore. Cuando caiga Urania, comenzará la nueva era de Apolo.

APOLO: ¡Pero qué gracioso que es el viejecillo! ¡Menuda historia que se acaba de sacar de la túnica! Dioniso podría montar una obra de teatro que se representara en las fiestas de tu Atenas.

ARTEMISA: ¿Es verdad, hermano? ¿Mataste a esas musas?

APOLO: ¡Es mentira! ¡No tiene ninguna prueba que me incrimine! Se lo ha inventado todo. Es un embaucador.

SÓCRATES: ¿Pruebas? Las tengo. Sé quién fue el encargado de ordenar a Hécate que preparara los venenos. El ente que se le aparecía y que no pudo describir. Alguien que es invisible a vuestros ojos, dioses inmortales. Una persona que os sirve desde siempre y a quien despreciáis como si fuera un objeto. ¿Verdad, Ganímedes?

GANÍMEDES: Sí, fui yo.

SÓCRATES: ¿Qué te prometió Apolo?

GANÍMEDES: Mi libertad. Me dio la capa de invisibilidad de Perseo, y así llegué hasta Hécate.

APOLO: Maldito. Traidor. Te voy a matar con mis propias manos.

GANÍMEDES: Que te den. A ti y a todos. Me tenéis harto. Dimito. Ya encontraré la manera de bajar del Olimpo, aunque sea a gatas. A tomar por el orto. *(Sale.)*

SÓCRATES: No solo engañaste a Ganímedes, también abusaste de la amistad y la familiaridad de Hécate. Al fin y al cabo, ella es vuestra prima. Su madre, Asteria, es hermana de tu madre, Leto, y a ambas le unen el acoso insaciable de Zeus.

HÉCATE: Juro que no sabía para qué estaba destinado ese veneno. Apolo siempre gusta de usar flechas envenenadas en sus cacerías. Y pensé que era para eso.

APOLO: Traidora.

SÓCRATES: Reconoce tu culpa, Apolo. Actúa por última vez con dignidad.

APOLO: No tengo que reconocer nada. Soy Apolo, hijo de Leto, maltratada por un dios cruel y miserable como es Zeus. Le odio. Os odio a todos vosotros. Hera, perseguiste a mi madre hasta que ya no pudo más. No te lo perdonaré nunca. No os perdonaré a ninguno de vosotros vuestra suficiencia, el creeros mejores a nosotros, ¿verdad, hermanita? Vamos, hablad. Decid algo. ¿Ahora os calláis? Porque sabéis que es verdad lo que digo. Yo soy Apolo, el brillante, el luminoso, creador y protector de las artes y de todo lo que es hermoso en el universo. De lo que único que soy culpable es de no haber acabado antes contigo, Sócrates. Te hemos escuchado durante demasiado tiempo. Vas a morir. Ahora. Prepárate, anciano. Lucha.

HERA: ¿Qué dices? ¿Estás loco? Es solo un mortal.

ASCLEPIO: No te preocupes, Sócrates. Estoy contigo. Si me das un gallo, lucharé por ti.

SÓCRATES: Me encantaría que lo hicieras, amigo, pero nunca he tenido miedo, ni he rehuido al enfrentamiento. Adelante, Apolo. Luchemos. *(Apolo lo tira al suelo, y lo golpea.)*

ATENEA: *(Avanzando.)* Ni te atrevas Apolo. Aquí estoy yo para protegerle y acabar contigo.

SÓCRATES: A buenas horas.

APOLO: Me da igual una que otro. Sois tal para cual. En guardia. Como en los viejos tiempos de Troya. *(Se arman.)*

TÁNATO: *(Se oscurece la escena. Entra.)* La última musa ha muerto. «Requiescat in pace» como dirían los romanos.

APOLO: Ahora sí. Ya está hecho. ¡Zeus ha muerto! Soy el rey del Olimpo, el número uno. Arrodillaos ante mí. ¡Vamos! ¿A qué esperáis? *(Zeus entra mientras habla.)*

ZEUS: Esperan a que te calles, maldito. Arrodíllate ahora mismo ante mí, y bésame las sandalias en prueba de humillación y arrepentimiento. ¡Ahora!

APOLO: Pero no puede ser. Están muertas, las nueve. Es imposible. El oráculo nunca miente.

SÓCRATES: Y así es. Nunca miente.

APOLO: ¿Entonces?

SÓCRATES: Hades tiene algo que decir al respecto. Adelante Hades.

HADES: Las cinco primeras, Clío, Euterpe, Melpómene, Polimnia y Talía, me pidieron ayuda desesperadas y yo las acogí. Me dieron mucha pena. En el fondo soy un sentimental. Luego, cuando en la Asamblea se reveló que la fuente del poder de Zeus eran las musas, y vi que la primera había muerto, me asusté. No quería que nadie que no fuera Zeus ni yo reinara entre los dioses. Así que les ofrecí comida a las cinco, y las cinco comieron. Así no saldrían nunca más de mi reino, y protegería para siempre el poder olímpico.

APOLO: ¿Por qué? Has perdido la gran oportunidad de compartir el poder conmigo. ¿Eres imbécil o algo parecido?

HADES: El imbécil eres tú. ¿Cómo vas a reinar, si no sabes ni matar con tus propias manos?

ZEUS: Yo, como dios supremo entre todos los dioses, y como juez, te condeno al Tártaro para toda la eternidad. Lleváoslo.

APOLO: *(Sacándolo Ares.)* Me las pagaréis. Juro que volveré. Del Tártaro se sale, del Olimpo no. O era al revés. ¡Suéltame! ¡Suéltame! ¡Volveré! ¡Volveré! *(Salen.)*

VOZ: *No volverá.*

ATENEA: *(Dándole una copa a Sócrates. En ese momento*

entran las Moiras, y se quedan en un lateral.) ¿Estás bien? Toma un poco de esta copa y descansa. Te lo mereces. Has ganado.

SÓCRATES: ¿He ganado? ¿Para qué?

ARTEMISA: *(Postrándose ante Zeus.)* ¡Piedad, padre Zeus! ¡Piedad! Juro que no tuve nada que ver con los crímenes. Mi hermano actuó solo. Lo juro.

ZEUS: Levántate, Artemisa.

ARTEMISA: No, no me levantaré hasta que me otorguéis el perdón.

ZEUS: No tengo nada que perdonarte. Soy yo, Zeus, el que debería haber actuado de otra forma con tu madre. No fui justo. Perdóname tú a mí.

ARTEMISA: ¿Me podré levantar sin que me castiguéis?

ZEUS: Álzate, hija de Leto. La culpa de tu hermano no recaerá sobre ti.

ARTEMISA: Gracias, padre. Sabed, familia, que a partir de ahora podréis recorrer los campos de mi dominio. Sois libres para regocijaros con la naturaleza. Refrescaros en las fuentes y lagos, y relacionaros con mis amigas.

DIONISO: ¡Qué bien! ¡Nos vamos a poner las botas!

ARTEMISA: Si alguno se atreve a poner sus sucias manos en alguna de ellas, sin su consentimiento, os juro que no quedará lugar en el tierra en la que os podáis esconder. Os advierto que todas las flechas que salen de mi arco, van directas al blanco.

DIONISO: ¡Tranquila, chiquilla! Estaba de broma. ¡Qué pronto más chungo tienes!

HERA: Ha sacado todo mi carácter, aunque no sea hija mía.

ZEUS: Y ahora que todo se ha arreglado…

ERIS: ¿Cómo que se ha arreglado? Las musas están muertas o encerradas para siempre en el Inframundo.

HADES: Para las cinco de mi reino, tengo una solución. Podrán volver con la condición de que al menos una vez al año me visiten y hagan un festival en el Elíseo. Tengo el sitio adecuado, me falta publicitarlo y que se llene de almas deseosas de arte.

ZEUS: Estupendo. Me parece una gran idea. ¿Y con las otras cuatro? ¿Cómo podrán resucitar?

HÉCATE: He oído de un dios egipcio llamado Osiris que volvió a la vida hace muchos milenios. Podría preguntar a mi amiga Isis cómo lo hizo.

HERA: No me fío de esos dioses egipcios. Eso de que adoren animales me da mucha grima.

ERIS: Claro, nosotros somos más de mezclarnos con ellos: minotauros, centauros, sirenas, ¿queréis que siga?

HERA: No hace falta, lianta.

ZEUS: Todo ha terminado. Me apena la traición de Apolo, pero puedo entender que algo de razón tuvo para su rebelión. Desde ahora procuraré gobernar más justamente. Mi reinado será una nueva edad de oro. Espero el mismo compromiso de vosotros. El Olimpo volverá a ser un ejemplo para la humanidad.

HESTIA: ¡Brindemos todos!.

DIONISO: Sí, eso. ¡Brindemos!

HERA: Por la nueva edad de oro. Por el Olimpo. Por Hera y por Zeus.

TODOS: Por la nueva edad de oro. Por el Olimpo. Por *(aquí cada uno brinda por él mismo.)*

HESTIA: ¡Qué bueno que está! ¿Os ha gustado? He utilizado la receta que me dio Hécate. *(Todos escupen al suelo el buche.)*

ZEUS: Pero ¿qué has hecho, maldita diosa? ¿Estás loca? ¡Nos has matado!

HESTIA: La culpa la tiene Hécate.

HÉCATE: ¿Yo? Si solo soy una pobre mujer, indefensa, que ya está perdiendo la vista. No tengo ni hogar propio.

HERA: ¡Asesina!

HESTIA: Tranquilizaos. Ha sido solo una pequeña dosis, para darle sabor.

HÉCATE: Estaréis algunos días con dolor de barriga.

HADES: Es de la familia de Apolo, ¿qué se puede esperar?

ARTEMISA: Ya estamos.

HESTIA: Pero si no fue con mala intención.

ZEUS: Ya hablaremos. ¿Por dónde íbamos? Ah, sí. No se nos puede olvidar el homenaje al mortal que nos ha traído esta era de paz, resolviendo esta serie de crímenes. Pido un aplauso para Sócrates de Atenas. Tenía razón el oráculo: es el más sabio no solo de Grecia, sino de todo el mundo. *(Todos aplauden.)*

ATENEA: ¿Sócrates? ¿Sócrates? ¿Estás bien? ¿Qué te ocurre?

SÓCRATES: Creo, oh, querida Atenea, que he bebido más de la cuenta.

ATENEA: ¡Oh, no! ¡El veneno! Te lo has tomado todo. ¡No!

SÓCRATES: Era mi deber, esposa mía. No llores. Sacadla de aquí. Cuida a nuestros hijos.

ATENEA: ¿Qué estás diciendo? ¡Te he fallado! *(A Hécate.)* ¿Qué efecto tiene este veneno?

HÉCATE: ¿Para un mortal y esa dosis? *(Baja la mirada.)* Lo siento. Lo siento mucho.

HESTIA: Lo siento.

ATENEA: ¡No! ¡No! ¡Fui yo quien te di la copa! ¡No te mueras, Sócrates!

SÓCRATES: No quiero morir, pero es mi deber. He sido condenado por un tribunal elegido democráticamente. Aunque mis acusadores han dicho falsedades, que si corrompo a la juventud o que no creo en vosotros, los dioses, se ha votado por mayoría que tengo que morir. Así ha de ser.

ATENEA: Puedes escapar. Te podemos acoger en otra ciudad. Tendrías una nueva vida.

SÓCRATES: ¿Fuera de Atenas? Imposible. No puedo vivir lejos de mi querida ciudad. *(Entra el Daimon.)*

DAIMON: Maestro, maestro.

SÓCRATES: ¿Dónde estabas? Me dejaste solo en el juicio.

DAIMON: Lo siento, maestro. Te he fallado. Pero escribiré sobre ti y tus enseñanzas para que en el futuro se siga hablando de Sócrates.

SÓCRATES: ¿Seré inmortal? ¿Como los dioses del Olimpo?

DAIMON: Sí, maestro.

SÓCRATES: Gracias, Aristocles.

DAIMON: Llamadme como siempre lo habéis hecho, maestro, con mi sobrenombre.

SÓCRATES: Está bien, gracias, Platón.

ATENEA: ¿Sócrates? ¿Me oyes? ¿Nos ves? Gracias por ayudarnos. Somos reales por ti, y por personas como tú. Sin la humanidad, no existiríamos. Somos el reflejo de vuestras pasiones, de vuestras debilidades y también de vuestros logros y vuestras alegrías. Ha llegado el momento de partir. Cuando tú mueras, nosotros también. Cuando alguien nos sueñe, volveremos a surgir. Así ha sido siempre.

SÓCRATES: Os veo, os oigo. Zeus, Hera, Hades, Poseidón, Hestia, Eris, Dioniso, Eros, Afrodita, Hécate, Artemisa, Asclepio, Hefesto, Hermes. ¡Sois tan bellos! ¡Tan reales! Adiós, adiós. *(A medida que los nombra los dioses se van. Solo quedan Atenea, Daimon y Sócrates.)*

DAIMON: Maestro, maestro. *(Las Moiras cogen el hilo, lo miden y Átropos levanta la tijera.)*

SÓCRATES: Gracias, mi amada Atenea. Platón, una última cosa. No te olvides de dar un gallo a Asclepio. *(Daimon asiente. Átropos corta el hilo. Muere Sócrates.)*

TELÓN

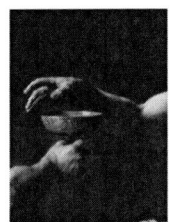

Índice

Este libro se terminó de imprimir en junio de 2024.
Publicado por Ediciones del Genal.
Al cuidado de esta edición **Librerías
Proteo y Prometeo
MMXXIV**